AF694904

Dordogne

KANU KOMPAKT

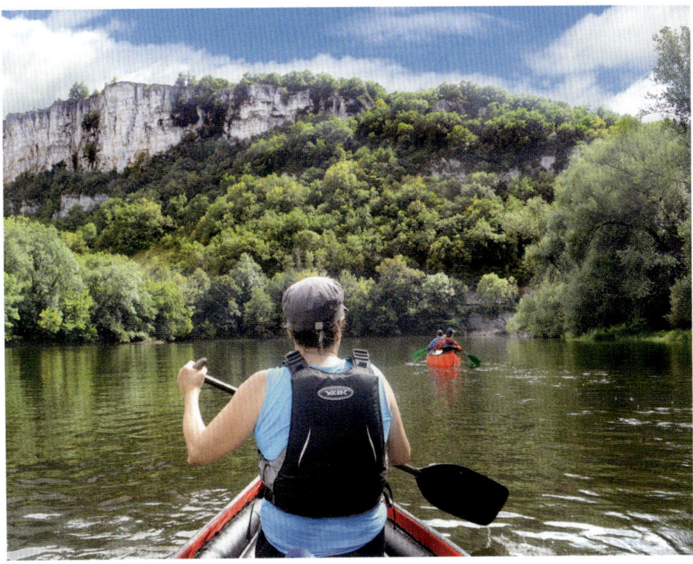

Impressum

2. aktualisierte Auflage 2020

©2015 **THOMAS KETTLER VERLAG**
Von-Hutten-Str. 15
D-22761 Hamburg
Tel +49 (40) 39 10 99 10
Fax +49 (40) 390 68 20
www.thomas-kettler-verlag.de
www.kanubuch.de

Text: Stefanie Holtkamp
Fotos: Stefanie Holtkamp
Titelfoto: *La Maison Du Passeur bei Caudon,* Stefanie Holtkamp
Foto Seite 63: ©Copyright Vallée de la Dordogne, OTVD / Cochise Ory

Lektorat: Thomas Kettler
Wasserwanderkarten: Artifex (www.artifex-karte.de), Carola Hillmann
Übersichtskarten & Stadtplan: Stepmap, Heide Schwinn
Illustrationen Kanufahrschule: Ann-Sophie Ränger, Carola Hillmann
Lektorat Kanufahrschule: Falk Bruder
Satz: Nicole Laka, Carola Hillmann
Layout & Konzept: Carola Hillmann
Druck & Gesamtherstellung: LEGRA Sp. z o.o., Krakau

Bibliografische Information der Deutschen Nationalbibliothek
Die Deutsche Nationalbibliothek verzeichnet diese Publikation in der Deutschen Nationalbibliografie; detaillierte bibliografische Daten sind im Internet über *http://dnb.d-nb.de* abrufbar.

ISBN 978–3–934014–84-8

Inhaltsverzeichnis

Informationen

Kanutour auf der Dordogne

Adressen

Weiteres

Vorwort

Die Dordogne? Wo ist das eigentlich genau? Diese Frage werden Sie sicher hören, wenn Sie mit Freunden über Ihr Reiseziel sprechen. Nur wer schon einmal hier war, wird Sie mit leuchtenden Augen betrachten. „Die Dordogne? Da möchte ich auch wieder hin!"

Suchen Sie im Südwesten Frankreichs. Der Fluss entspringt im Vulkanpark der Auvergne westlich von Clermont-Ferrand, um 483 Kilometer weiter bei Bordeaux erst in die Gironde und kurz darauf in den Atlantik zu münden.

Im mittleren Abschnitt zieht sie sich in großen Schleifen durch eine stille Landschaft mit landwirtschaftlicher Prägung und mittelalterlich anmutenden Dörfern, die wirken, als sei hier, mitten in Frankreich, vorübergehend die Zeit stehengeblieben. Die Region am Fluss ist bekannt für ihre gute Küche, ausgezeichneten Wein, gut erhaltene Schlösser und Burgen und einige der wichtigsten prähistorischen Fundstätten Frankreichs.

Die sanfte Strömung sorgt für eine weitgehend mühelose Flussreise, so kann man zwischendurch auch einfach dahintreiben und die Seele baumeln lassen. Damit Sie trotzdem immer ein gutes Quartier finden und die schönsten Plätze am Ufer nicht versäumen, hilft Ihnen dieser Reiseführer bei allen organisatorischen Fragen. Er ist mit einem Umschlag aus wasserabweisender Strukturfolie versehen, jedoch nicht wasserfest. Daher ist er in einer Kartentasche am besten aufgehoben.

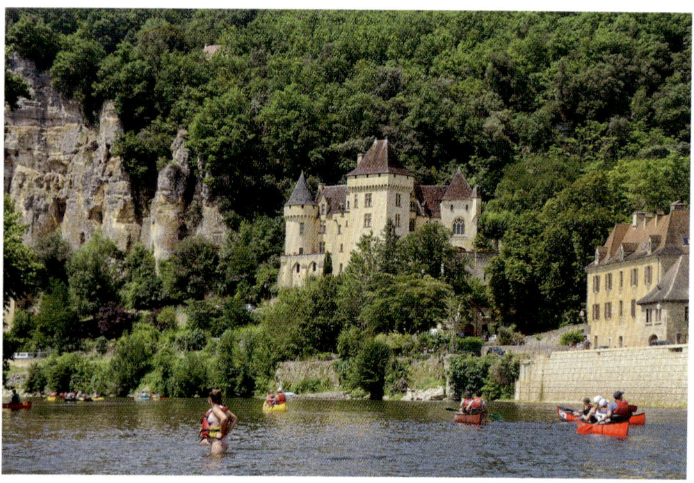

Schöne Dörfer und unzählige Schlösser und Burgen säumen die Ufer der Dordogne. La-Roque-Gageac gehört zu den bekanntesten Orten am Fluss.

Das Kanu

Bevor es an die Planung der Tour geht, steht die Frage nach der Ausrüstung. **Kanu** ist der Oberbegriff für alle Boote ohne befestigtes Ruder, also sowohl Kanadier als auch Kajaks.

Das **Kajak** ist bis auf eine kleine Luke geschlossen, wird mit einem Doppelpaddel gefahren und ist meist wendiger als ein Kanadier. Wegen seines windschlüpfrigen Verhaltens ist ein Kajak für das Befahren von größeren Seen und Wanderflüssen besonders geeignet. Der Nachteil liegt darin, dass die Zuladung beschränkt, das Ein- und Aussteigen umständlich und die Sitzposition, anders als beim Kanadier, durch die Bauweise vorgegeben ist. Kajaks gibt es generell für ein oder zwei Personen, während in größeren Kanadiern auch eine vierköpfige Familie Platz findet.

Der **Kanadier** eignet sich insbesondere für Wandertouren und bietet mehreren Personen mit Gepäck Platz. Er wird mit dem Stechpaddel bedient und ist offen. Zudem besticht er durch sein großzügiges Raumangebot und das einfache Beladen, Ein- und Aussteigen; Kinder können sich in ihm freier bewegen. Durch ein Stechpaddel angetriebene Kanus bieten variantenreiche Sitzpositionen, die ein ermüdungsfreieres Paddeln ermöglichen, z.B. im Sitzen mit angewinkelten oder gestreckten Beinen oder kniend. Die größere Kippstabilität wird vom Anfänger als angenehm empfunden. Sein Nachteil liegt eindeutig bei der größeren Windanfälligkeit, die das Befahren von großen, offenen Wasserflächen mühsam oder gar gefährlich werden lassen. Doch kann er mit einer Persenning (Spritzdecke) auch spritzwasserfest und weniger windanfällig gemacht werden.

Tipp: Wer mit dem Kanadier unterwegs ist und auch an Land mobil sein möchte (zurück zum Pkw), sollte in Erwägung ziehen, ein Faltrad mitzunehmen. Durch optimierte Falt-Scharniere wird aus dem Fahrrad innerhalb weniger Sekunden ein kleines, handliches Paket.

Zum notwendigen Zubehör gehören:

- **Paddel.** Doppelpaddel sollten eine Länge von ca. 220–240 cm haben, während das im Kanadier verwendete Stechpaddel beim Stehen bis unters Kinn reichen sollte. Für Kinder darf es ruhig etwas länger sein. Kunststoff ist zwar pflegeleichter, Holzpaddel sind aber vom Material her sympathischer.
  Tipp: **Radhandschuhe** schützen empfindliche Hände vor Blasen.
- **Reservepaddel.** Muss in jedem Kanu griffbereit, aber sicher befestigt vorhanden sein. Noch wichtiger ist dies bei Solopaddlern, da sie manövrierunfähig werden, wenn das Paddel über Bord geht.

- **Rettungsweste.** Kein Kind darf ohne ohnmachtssichere Rettungsweste ins Boot. Sie hat einen Kragen, der den Kopf über Wasser hält und so wirklich vor dem Ertrinken schützt.
- **Schwimmweste.** Jeder Erwachsene sollte sie tragen (auch als Vorbildfunktion). Wie die Rettungsweste auch, muss sie dem Körpergewicht des Trägers angepasst sein.
- **Wurfsack.** Zum Retten eines Schwimmers vom Ufer aus. Der Nylonbeutel mit einem Auftriebselement und etwa 20 m Seil ist immer dabei, egal ob Wildwasser oder Wanderfahrt.
- **Bootswagen.** Ist für längere Landtransporte unverzichtbar. Einen Bootswagen braucht man auf der Dordogne nur, wenn Übernachtungen im Hotel geplant sind. Campingplätze direkt am Flussufer gibt es in ausreichender Zahl, die Wehre können über Bootsrutschen umfahren werden. Das Umtragen ist auf der ganzen Strecke nicht notwendig.
- **Praktisches:**
  Leinen zum Festmachen und Halten des Kanus.
  Spanngurte zum Sichern der Säcke und Tonnen.
  Schwamm zum Säubern und „Entwässern" des Kanus.

Die Ausrüstung

Es gibt kein schlechtes Wetter, nur die falsche ***Kleidung!*** Für die hier in diesem Buch beschriebene Tour wird keine teure High-Tech-Kleidung benötigt, aber eine gute **Regenjacke und -hose** lässt den Paddler dem nächsten Regenschauer gelassen entgegensehen.

Ansonsten sollte nach dem „Zwiebelprinzip" verfahren werden – mehrere leichte Kleidungsstücke übereinander ziehen. **Fleecepullis**, die mit ihrer hervorragenden Isolationseigenschaft, dem geringen Gewicht und der Tatsache, dass sie im nassen Zustand noch wärmen, aber auch schnell trocknen, sind ideal. Eine lange **Hose aus einem Synthetik-Baumwollgemisch** ist sicher besser als eine Jeans.

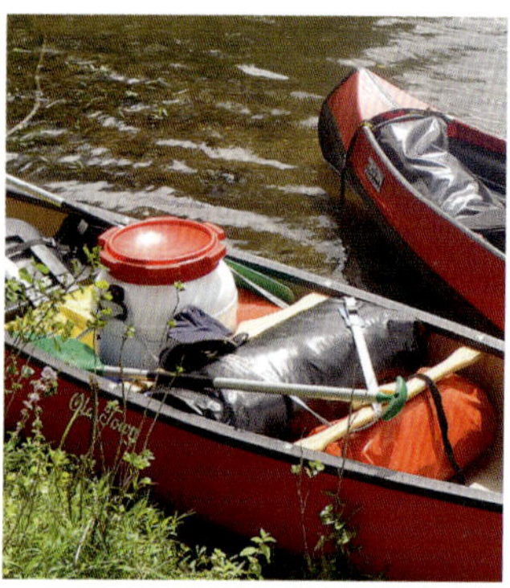

Schuhe müssen nicht schön sein, sondern vor allem fest sitzen. Am besten sind wasserfeste Trekkingsandalen oder leichte, schnell trocknende Leinenschuhe zum Treideln. Für kleine und große Ausflüge haben wir immer Wanderschuhe dabei. Da die Sonneneinstrahlung auf Wasserflächen sehr intensiv ist, dürfen *Sonnenschutz* und Sonnenbrille nicht fehlen.

Übrigens: In Frankreich ist das Baden in Schwimmbädern aber auch im Pool des Campingplatzes in **Badeshorts** generell **verboten**. Hier hilft nur die Mitnahme einer engen Badehose.

All die hier beschriebenen Ausrüstungsgegenstände finden Platz in wasserdichten **Weithals-Tonnen** sowie wasserdichten, optimalerweiser transparenten **Packsäcken**, die durch ein „Roll- / Steckverschluss-System" verschlossen werden. Mehrere kleine sind idealer als wenige große! ***Zelt, Schlafsack*** und ***Isomatte*** müssen mit auf Tour sein.

Als **Küchenausstattung** empfiehlt sich ein Kochset, bestehend aus drei verschieden großen, ineinander gestellten Kochtöpfen (2 L, 1,5 L, 1 L), einem Wasserkessel und zwei verschieden großen Deckeln, die gleichzeitig als Pfannen dienen. Eine Espressokanne ist für den morgendlichen Kaffee ideal. Weiterhin tiefe und flache Teller, Besteck, Wassersack, Thermoskanne, Thermobecher, kleines Schälmesser, Schneidebrettchen, Alufolie, Geschirrtuch, Spülmittel und eine Faltschüssel.

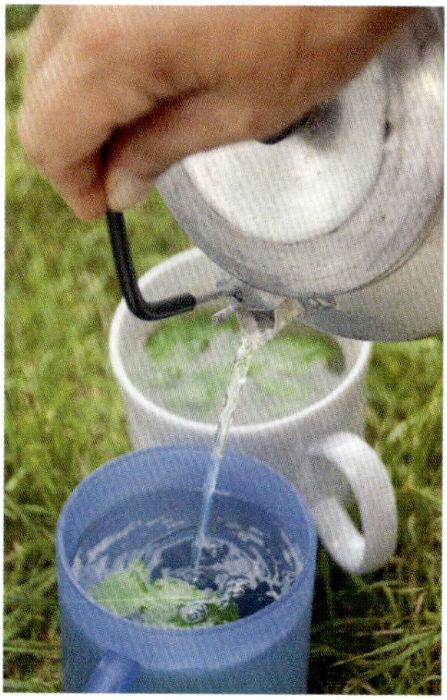

Bei der Wahl eines Kochers sind folgende Typen zu unterscheiden:

- **Benzinkocher.** Hat den höchsten Heizwert. Benzin ist überall zu bekommen und billig.
- **Gaskocher.** Nicht so hoher Heizwert, jedoch sauberes Verbrennen. Teure Kartuschen.
- **Multifuel-Kocher.** Guter Heizwert. Ist mit fast jedem Flüssigbrennstoff zu betreiben und sehr leicht.
- **Petroleumkocher.** Hoher Heizwert, jedoch Geruchsbelästigung, die, anders als beim Benzin, nicht „verfliegt".
- **Spirituskocher.** Sind leicht und einfach zu handhaben. Hat einen relativ geringen Heizwert.

Weitere wichtige Ausrüstungsgegenstände: ein Tarp als Regen- / Sonnenschutz, Klappspaten, Toilettenpapier, Erste-Hilfe-Set, Insektenschutz, Taschenmesser, Taschenlampe, Fernglas, Schreibutensilien, Handy, Ladekabel, kleiner Rucksack, wasserdichte Kartentasche mit Kordel (schützt Karte/Tourenführer nicht nur vor Wasser, sondern auch dem Wegfliegen).

„Kleine Kajak- & Kanadier-Fahrschule"

Schlagrichtung des Paddlers 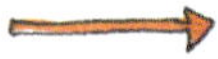 Bewegungsrichtung des Kanus 

Die beschriebenen Paddelschläge können und sollen miteinander kombiniert werden. Zur korrekten Ausführung wird das Paddel im Prinzip nicht durch das Wasser „gezogen", sondern soll annähernd stationär bleiben und das Kanu über das Wasser bewegt werden. Hierbei wird eine optimale Kraftausbeute angestrebt. Bei einem sehr gut ausgeführten Paddelschlag gibt es keine Verwirbelungen und kaum Wellen am Paddelblatt.

Kajak-Fahrschule

Allgemeines

In der Regel sind die beiden Blätter eines Doppelpaddels gegeneinander verdreht. Bei den üblichen rechtsgedrehten Paddeln umfasst die rechte Hand den Schaft so, dass das rechte Paddelblatt senkrecht ins Wasser eingetaucht werden kann. Die linke Hand umfasst den Paddelschaft nur locker und nach jedem Paddelschlag wird das Paddel mit der rechten Hand so gedreht, dass das aktive Blatt senkrecht ins Wasser gesetzt werden kann (bei linksgedrehten Paddeln gelten die Hinweise entsprechend seitenvertauscht). Stellen Sie die Fußstützen des Kajaks so ein, dass Sie bequem sitzen und gleichzeitig einen guten Bootskontakt mit den Oberschenkeln haben. Bei Kajaks mit Fußsteuerung den Abstand der Pedale so wählen, dass Sie mit leicht angewickelten Beinen im Boot sitzen und genügend Spielraum nach vorne haben, um das Pedal durchzutreten und das Steuer bewegen zu können.

Einsteigen

Kanu parallel zum Ufer ausrichten, bei starker Strömung mit dem Bug (=Bootsspitze) gegen die Strömungsrichtung. Zum Einsteigen das Boot mit der sogenannten „Paddelbrücke" stabilisieren: Paddel im rechten Winkel zum Boot über Süllrand (=Bootsrand) und Ufer oder Steg legen; mit einer Hand Süllrand und Paddel fassen und mit der anderen Hand das Paddel aufs Ufer drücken. Zum Einsteigen das Gewicht über das Paddel verlagern und mit dem bootsseitigen Fuß zuerst einsteigen. Anschließend möglichst rasch hinsetzen, d. h. im Kajak gleich auf den Sitz rutschen, um einen tiefen Schwerpunkt zu erzielen und die Stabilität des Kanus zu erhöhen.

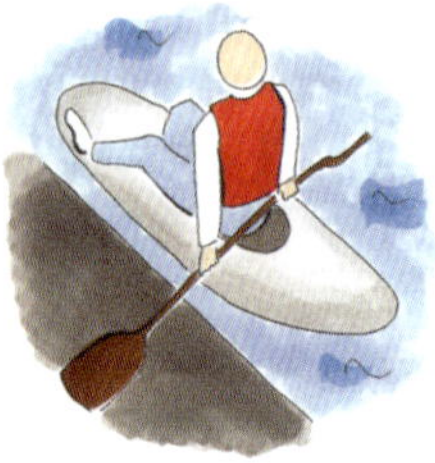

Spritzdecke

Spritzdecke zunächst hinter dem Körper um den Süllrand legen und von hinten nach vorne schließen; abschließend nach vorne über den Süllrand ziehen. Dabei unbedingt darauf achten, dass die Lasche vorne herausguckt, um die Spritzdecke im Falle einer Kenterung leichter öffnen zu können.

Paddelhaltung

Das Paddel in beide Hände nehmen und auf den Kopf legen. Die optimale Griffbreite ist erreicht, wenn der Winkel zwischen Ober- und Unterarm ein wenig kleiner als 90 Grad ist.

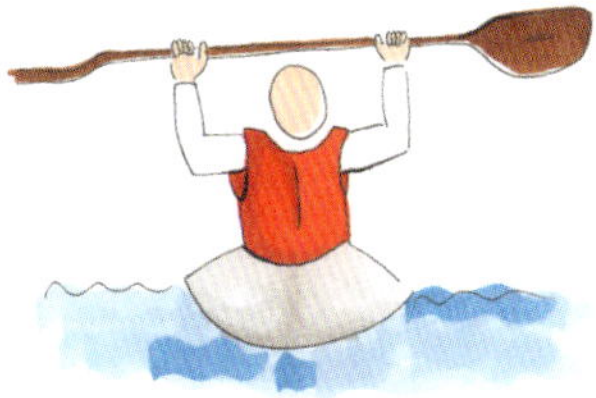

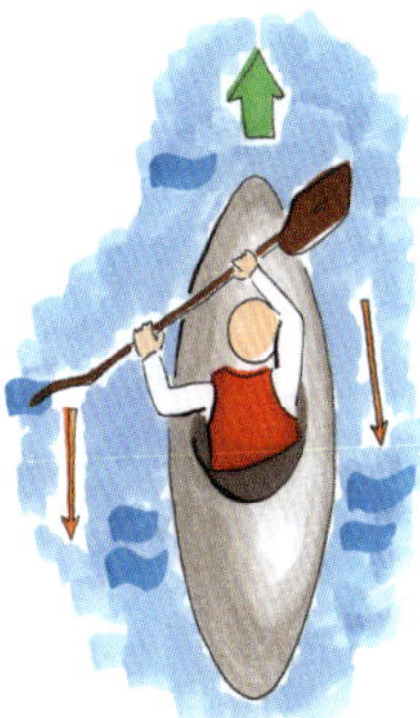

Grund- und Treibschlag

Mit leicht nach vorne gebeugtem Oberkörper Paddel vorne, dicht neben der Bootswand einsetzen. Die „Zughand" zieht das Paddel parallel am Boot entlang nach hinten, während die „Druckhand" das sich in der Luft befindliche Blatt nach vorne drückt. Die Bewegung nicht allein mit den Unterarmen ausführen, sondern zur Unterstützung bei gestrecktem Arm den Oberkörper mitdrehen. Ist das aktive Paddelblatt knapp hinter der Sitzposition, den Zug stoppen und die Seite wechseln.

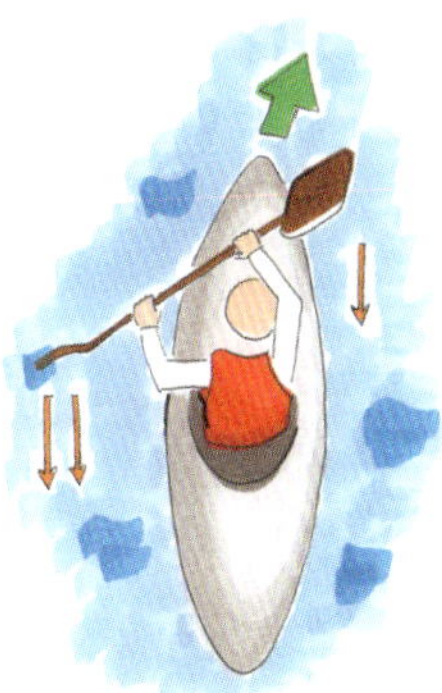

Steuern

Wird der Paddelschlag auf der linken Seite stärker ausgeführt, dreht der Bug nach rechts – und umgekehrt. So können Sie das Boot – ganz ohne die ebenfalls erhältlichen Fußsteueranlagen – auf Kurs halten. Sind starke Kursänderungen erforderlich, erreichen Sie diese mit dem Bogenschlag. Beim Ab- und Anlegen mit Kajaks die über eine Steueranlage verfügen unbedingt daran denken, das Steuer rechtzeitig einzuklappen, um es nicht zu verbiegen.

Ziehschlag

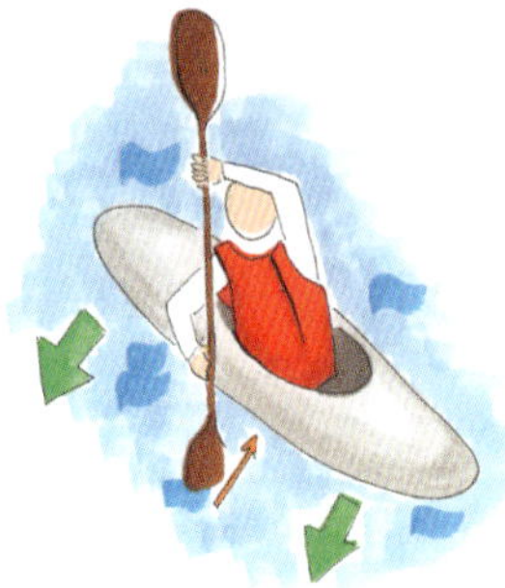

Steuerschlag, um das Boot seitlich zu versetzen; dazu das Paddelblatt möglichst weit entfernt senkrecht zur Längsachse und parallel zum Boot ins Wasser tauchen und nicht zu dicht, an die Bootswand heranziehen und nach oben aus dem Wasser nehmen. Dabei darauf achten, dass das Paddelblatt nicht unter den Bootskörper gezogen wird, da dies zum Kentern führen kann.

Bogenschlag

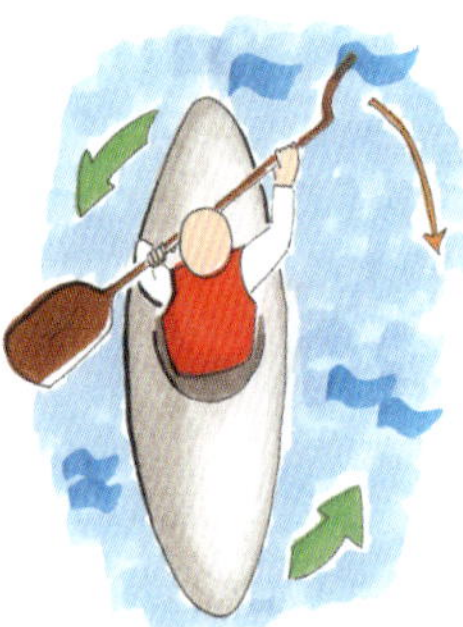

vorwärts

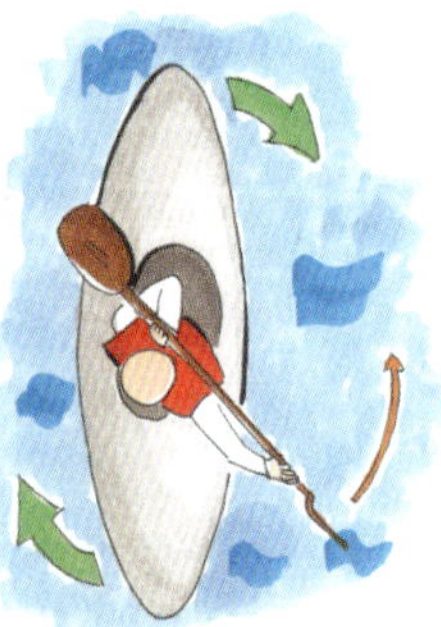

rückwärts

Steuerschlag, um das Boot zu drehen: vorwärts ausgeführt, dreht er das Boot weg von der Schlagseite. Dazu das Paddel möglichst weit vorne und dicht am Boot eintauchen und das Paddelblatt flach unter der Wasseroberfläche in einem weiten Halbkreis um das Boot bis nahe ans Heck führen. Je größer der Radius, desto stärker die Steuerwirkung. Um das Kanu abzubremsen und gleichzeitig eine Kurskorrektur zur Paddelseite hin durchzuführen, können Sie den Bogenschlag rückwärts ausführen.

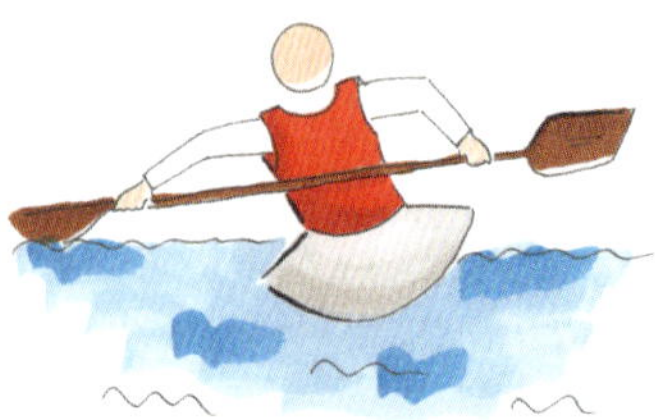

Paddelstütze

Stabilisierungsschlag, bei dem das Paddel als Ausleger genutzt wird, um das Kentern zu verhindern; dazu einfach das Paddel auf der Seite, zu der das Boot zu kippen droht, soweit wie möglich nach außen flach auf das Wasser drücken.

Allgemeines

Auf dem hinteren Sitz nimmt in der Regel der erfahrenere oder kräftigere Paddler Platz. Er gibt im Flachwasser die grobe Richtung vor, der Vordermann versucht ihn zu unterstützen. Der Vordermann gibt die Schlagzahl vor; achten Sie darauf, einen möglichst gleichmäßigen Schlagrhythmus einzuhalten, um ein „Aus-dem-Ruder-laufen" zu vermeiden. Je nach Ausdauer kann ein gelegentlicher Wechsel der Paddelseiten stattfinden, der von beiden nach Absprache gleichzeitig durchgeführt wird. Der Vordermann hat stets die Aufgabe auf Hindernisse, die direkt vor dem Kanadier auftauchen, aufmerksam zu machen.

Einsteigen

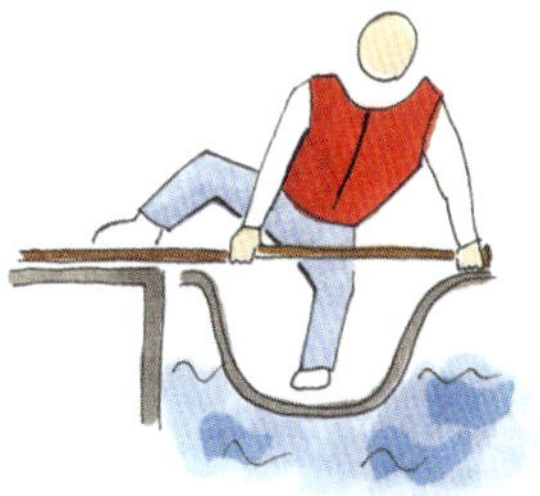

Kanu parallel zum Ufer ausrichten, bei starker Strömung mit dem Bug (= Bootsspitze) gegen die Strömungsrichtung. Zum Einsteigen das Boot mit der sogenannten „Paddelbrücke" stabilisieren: Paddel im rechten Winkel zum Boot über Süllrand (= Bootsrand) und Ufer oder Steg legen; mit einer Hand Süllrand und Paddel fassen und mit der anderen Hand das Paddel aufs Ufer drücken. Zum Einsteigen das Gewicht über das Paddel verlagern und mit dem bootsseitigen Fuß zuerst einsteigen. Anschließend möglichst rasch hinsetzen oder beim Kanadier auch möglich, eventuell hinknien, um einen tiefen Schwerpunkt zu erzielen und die Stabilität des Kanus zu erhöhen.

Aussteigen

Wie Einsteigen, nur in umgekehrter Reihenfolge.

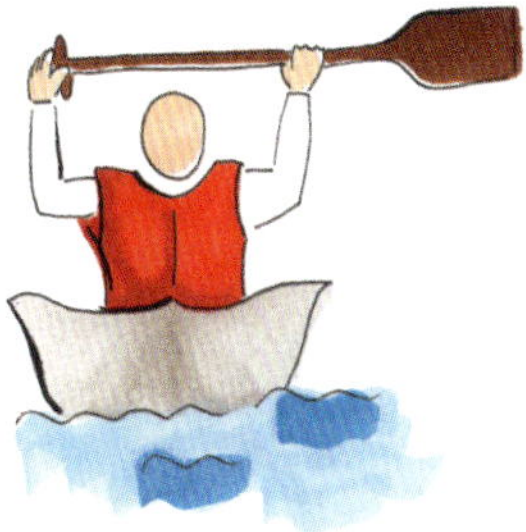

Paddelhaltung

Eine Hand fasst den Paddelknauf, hierbei wird der Griff von oben wie beim Spaten umfasst. Die andere Hand umgreift den Paddelschaft, so dass Ober- und Unterarm einen Winkel von 90 Grad bilden.

Grund- und Treibschlag

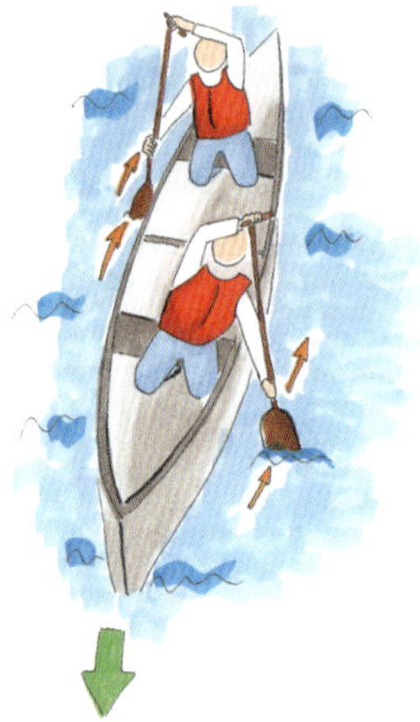

Das ganze Paddelblatt wird senkrecht ins Wasser getaucht und parallel zum Boot (in Bootslängsachse) bis etwa auf Körperhöhe durchs Wasser gezogen. Dabei wird mit dem unteren Arm gezogen, während der obere Arm drückt; gleichzeitig wird der Oberkörper etwas nach vorne geneigt und mitgedreht. Stimmen Vorder- und Hintermann ihren Grundschlag aufeinander ab, bewegt sich der Kanadier kursstabil geradeaus. Paddelt nur einer, bewegt sich das Kanu der paddelabgewandten Seite zu.

Steuern oder J-Schlag (nur Hintermann)

Dabei wird das Paddel zuerst wie beim Grundschlag geführt, am Körper vorbei in einer Bogenbewegung mit der wasserverdrängenden Paddelseite vom Boot weggedrückt. Dabei zeigt der Daumen der Hand am Paddelknauf nach unten und der Handrücken nach außen. Der Vordermann kann weiterhin den Grundschlag ausführen oder die Drehbewegung mit einem Bogenschlag verstärken. Der J-Schlag ist besonders vorteilhaft für Solokanadier, da er das „Aus-dem-Ruder-laufen" bei der normalen Geradeausfahrt verhindert.

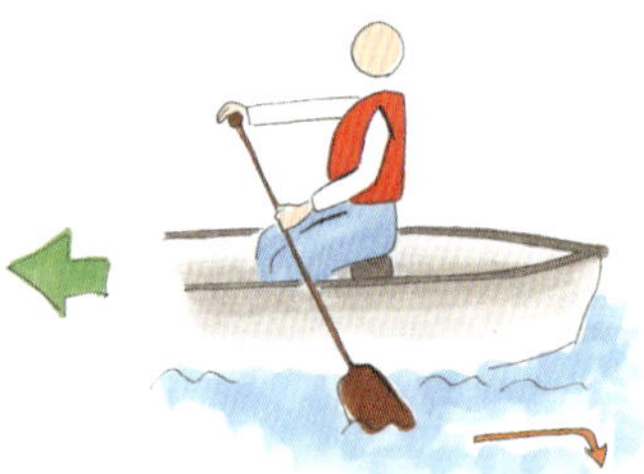

Ziehschlag

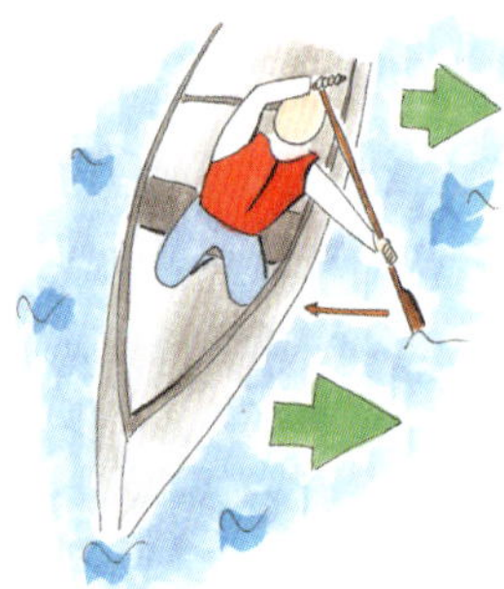

Steuerschlag, um das Boot seitlich zu versetzen; dazu das Paddelblatt möglichst weit entfernt senkrecht zur Längsachse und parallel zum Boot ins Wasser tauchen und, nicht zu dicht, an die Bootswand heranziehen und nach oben aus dem Wasser nehmen. Dabei darauf achten, dass das Paddelblatt nicht unter den Bootskörper gezogen wird, da dies zum Kentern führen kann.

Bogenschlag

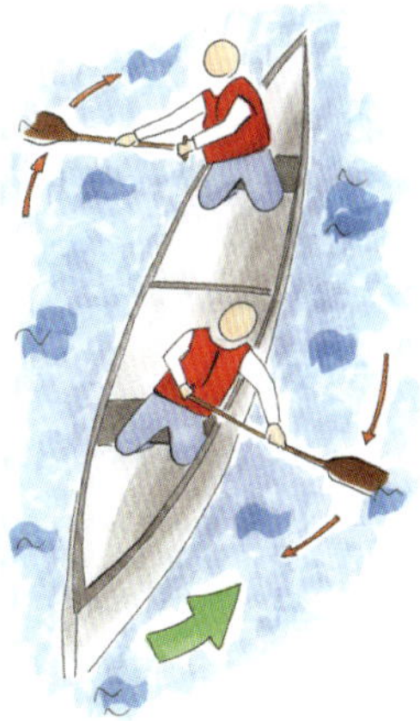

Steuerschlag, um das Boot zu drehen. Um einen Zweierkanadier auf der Stelle zu drehen, führt der Vordermann den Bogenschlag vorwärts und der Hintermann den Bogenschlag rückwärts aus (oder umgekehrt, aber immer gegenläufig). Vorne vorwärts: das Paddel möglichst weit vorne und dicht am Boot eintauchen und das Paddelblatt flach unter der Wasseroberfläche in einem Viertelskreis bis auf Körperhöhe führen. Hinten rückwärts: Beginn nahe am Heck des Bootes und das Paddelblatt von hinten nach vorne im Viertelskreis bis auf Körperhöhe führen. Dies dreht das Boot weg von der Paddelseite des Vordermanns. Zum Drehen zur anderen Seite werden die Schläge genau gegenläufig durchgeführt: vorne rückwärts, hinten vorwärts. Jeweils gilt, je größer der Radius, desto stärker die Steuerwirkung.

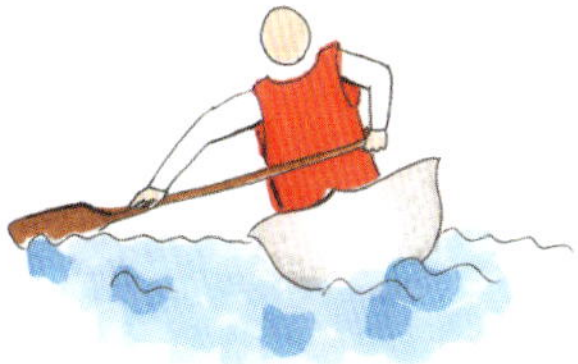

Paddelstütze

Stabilisierungsschlag, bei dem das Paddel als Ausleger genutzt wird, um das Kentern zu verhindern; dazu einfach das Paddel auf der Seite, zu der das Boot zu kippen droht, soweit wie möglich nach außen flach auf das Wasser drücken.

Weiterführende Literatur:

Kanu-Handbuch, *Praxis-Ratgeber*, Verlag Reise Know-How

Outdoor Basixx „Kanuwandern" & „Solo im Kanu", Conrad Stein Verlag

Stechpaddel Fahrschule, Thomas Kettler Verlag

Informationen und Tipps zu Kanukursen bekommen Sie beim

Bundesverband Kanu e.V. (BVKanu)
Gunther-Plüschow-Straße 8, 50829 Köln
Tel. +49 (0)221 59 57 10, E-Mail: info@bvkanu.de www.bvkanu.de

Wichtiges zum Kanuwandern auf der Dordogne

Das Wasserwandern auf der Dordogne ist im Allgemeinen ungefährlich. Mit ein paar **Verhaltens-Regeln** sind Sie noch sicherer im Kanu unterwegs:

- *Vorsicht ist insbesondere an den beiden Wehren bei Beaulieu und Carennac geboten. Sie werden auf dem Fluss nicht durch Schilder angekündigt. Nur die direkte Einfahrt in die Bootsrutschen ist markiert. Studieren Sie daher vor Fahrtbeginn die Flusskarte und die Detailzeichnungen.*
- *Stromschnellen und Bootsrutschen an den Wehren sollten vor der Befahrung ausgiebig besichtigt werden.*
- *Allein sollte nur paddeln, wer sein Kanu gut beherrscht.*
- *Das Tragen einer Schwimmweste sollte selbstverständlich sein.*
- *Kinder müssen immer eine ohnmachtssichere Rettungsweste tragen.*
- *Gepäck sorgfältig festzurren, um es gegen Verlust bei Kenterung zu sichern.*
- *Nicht alkoholisiert ins Kanu steigen.*
- *Ein aufgefrischter Erste-Hilfe-Kurs sollte selbstverständlich sein.*

Verhalten auf und am Wasser

Mit den folgenden **Verhaltens- und Umwelt-Tipps** macht das Paddeln allen Beteiligten Freude und die herrliche Natur entlang der Dordogne bleibt auch nachfolgenden Paddlergenerationen erhalten:

- *Starten und beenden Sie eine Kanutour nur an den ausgewiesenen Ein- und Ausstiegsstellen. Wollen Sie ein eigenes Kanu auf dem Gelände eines Bootsvermieters oder Campingplatzes zu Wasser lassen, so gehört es zum guten Ton, vorher um Erlaubnis zu bitten.*
- *Nutzen Sie zum Anlegen und Rasten die dafür vorgesehenen Plätze und deutlich erkennbaren Flusszugänge wie z. B. Bootsrastplätze oder Badestellen, die nicht im Privatbesitz sind, um unnötige Beschädigungen der empfindlichen Ufer zu vermeiden.*
- *Nach Pause oder Picknick alle Abfälle wieder mitnehmen.*
- *Beobachten Sie Tiere nur aus der Ferne. Für Naturbeobachtungen empfiehlt sich ein Fernglas.*
- *Nicht nur Kanuten, auch Angler lieben die Dordogne. Zur friedlichen Koexistenz und zum Schutz der Natur gilt: Die Dordogne darf zwischen 9 und 18 Uhr befahren werden. Sehen Sie einen Angler im Wasser stehen, umfahren Sie seine Angelleine mit möglichst großem Abstand.*
- *Bleiben Sie an Kiesinseln im Fluss in der Hauptströmung und vermeiden Sie die Befahrung von flachen Gewässerabschnitten und Nebenarmen, die Rückzugsgebiete für Wasservögel sind. Achten Sie stets auf eine ausreichende Wasser-*

tiefe. Muscheln am Gewässergrund, die die Filterung des Wasser übernehmen, leiden unter Grundberührung von Bootsrumpf und Paddel.

- *Wild campen ist auch in Frankreich verboten.* ***Bivouac sauvage*** *– die einmalige Übernachtung am Flussufer – wird an der Dordogne toleriert, solange man sich nicht auf Privatgrund befindet. Auf Kiesbänken und Inselchen gibt es vereinzelt Plätze, die eindeutig als Biwakplätze genutzt werden. Man erkennt sie an den freien, ebenen Flächen und der stets vorhandenen Feuerstelle. Planen Sie ihre Tour mit Quartier auf den Campingplätzen, denn es ist eher ein Glücksfall zur richtigen Zeit als Erster auf einen solchen Biwakplatz zu treffen. So viele sind es nicht. Sollten Sie außerhalb eines Campingplatzes biwakieren, ist es selbstverständlich Müll komplett wieder mitzunehmen, Feuerholz nur am Boden aufzuklauben und auch sonst keinerlei Spuren zu hinterlassen – auch keine Klopapierfahnen. Hier tut ein Klappspaten gute Dienste. Nutzen Sie nur bereits vorhandene Plätze und legen Sie keine neuen Feuerstellen an. Der Zeltplatz sollte nicht zu knapp über dem Wasserspiegel liegen, da vor allem am oberen Flusslauf das Wasser schnell und unerwartet steigt, wenn am Wehr in Argentat mehr Wasser in den Fluss abfließt.*

Wasserstand

Zwischen Argentat und Limeuil ist die Dordogne ein naturbelassener Wildfluss, nur zwei Wehre regulieren das Gefälle. Oberhalb von Argentat wird in den großen Stauseen der Gorges de la Dordogne das Wasser zur Stromgewinnung gesammelt. Vor allem im Oberlauf müssen Sie daher jederzeit mit plötzlich ansteigendem Wasser rechnen.

Ansonsten sorgen die Stauseen dafür, dass der Fluss unabhängig vom Wetter meist auch in wasserarmen Hochsommern mit dem Kanu befahrbar bleibt. Wir sind die Dordogne in den letzten Jahren bei Pegelständen

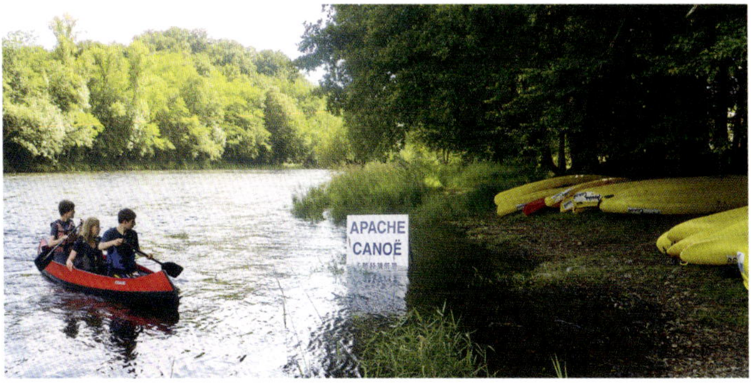

Der Anleger am Camping Europe bei hohem Wasserstand

von 90 cm bis 1,20 Meter an der Messstelle in Argentat ohne größere Probleme im beladenen Kanadier gepaddelt.

Bei einem Pegel von 1,20 ist von den typischen weiten Kiesbänken, die sonst im Hochsommer die Ufer säumen, kaum mehr etwas zu sehen und durch die höhere Fließgeschwindigkeit sollten Paddler bei hohem Wasserstand schon etwas Erfahrung mit leichtem Wildwasser mitbringen.

Ab folgenden Pegelständen in Argentat, Carennac oder Cénac gilt die Befahrung der Dordogne als kritisch:
Argentat: 90 m^3/s
Carennac: 160 m^3/s oder 2,60 m
Cénac: 250 m^3/s oder 1,50 m
Einen Mindestwasserstand für die Befahrung gibt es nicht. Bei Niedrigwasser (Pegel bei Argentat deutlich unter 1 m) ist jedoch auf der ersten Etappe zwischen Argentat und Beaulieu und an einigen Stellen im weiteren Flussverlauf Grundberührung kaum zu vermeiden, so dass die Strecke für empfindliche Faltboote nur noch bedingt geeignet ist.

Aktuelle Werte der Messstationen finden Sie unter www.vigicrues.gouv.fr Dort wählen Sie auf der Frankreichkarte die Region SPC Gironde-Adour-Dordogne (Bassin Dordogne). Sie erhalten einen Kartenausschnitt. An den Flüssen sind dann die Messstellen markiert und mit einem Klick haben Sie Pegel *(hauteurs d'eau)* oder Durchflussmenge *(débits)* der gewünschten Position als Grafik oder Tabelle vor sich.

Kanuvermieter

Kanustationen gibt es an der Dordogne wie Sand am Meer, allerdings vermieten sie zu einem nicht unerheblichen Teil üble Plastikschüsseln für Tagestouren. Die hier genannten Vermietstationen sind auf Wanderpaddler eingestellt und bieten mindestens die Strecke von Argentat bis Beynac an. Die großen Stationen wie ***Safaraid*** und ***Copeyre*** haben zusätzlich zu ihren bunten Plastikbooten auch einige ordentliche Old Town Kanadier auf Lager. ***Reservieren Sie für eine längere Tour ausdrücklich diesen Kanutyp!*** Der Komplettpreis pro Person im 2er-Kanadier liegt für 7 Tage bei 125-170 €.

Eine wasserdichte Tonne pro Kanu und die obligatorischen Schwimmwesten sowie der Rücktransport zum Pkw sind im Preis enthalten. Ihr Auto steht während der Tour sicher auf dem Parkplatz der Kanuvermietung. Bei den beiden großen Anbietern können Sie gegen Aufpreis auch Ihr Gepäck von Campingplatz zu Campingplatz transportieren lassen. Der ***Rücktransport*** in Bussen erfolgt bei ***Copeyre*** und ***Safaraid*** nach einem festen Fahrplan.

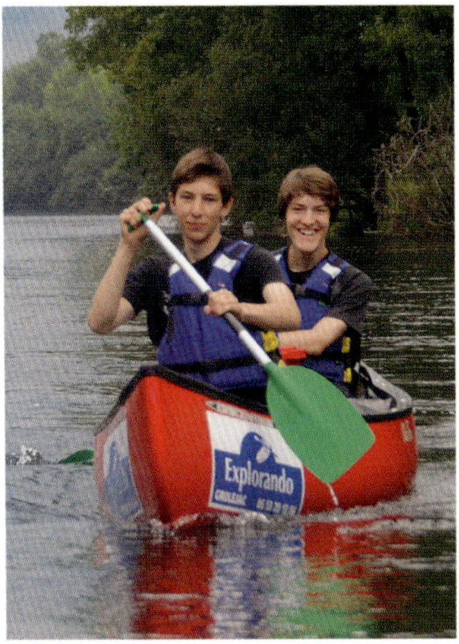

Wer es lieber überschaubar und persönlich mag, wählt einen der kleineren Anbieter. Sehr gute Erfahrungen haben wir mit dem engagierten Team von ***Explorando Canoë*** gemacht, die sich auf längere Touren spezialisiert haben, Sie bei Bedarf auch mit weiteren Packsäcken ausstatten und neben guten Old Town Kanadiern einen flexiblen und freundlichen Service bieten.

Ebenfalls ordentliches Material bekommen Sie bei ***Couleurs Périgord, Canoë sans frontière*** oder am Ende unserer Strecke bei ***Canoës Rivières Loisirs,*** die durch die Lage ihrer Basis zwischen Dordogne und Vézère besonders für Paddler interessant sind, die beide Flüsse erforschen wollen. Die Anfahrt von dort nach Argentat (über 3 Std. Fahrt) ist allerdings erst ab 2 gemieteten Kanus möglich.

Wer an einer ***geführten Tour*** teilnehmen möchte, sollte darauf achten, dass die Gruppe von einem ausgebildeten Kanuguide geführt wird *(moniteur diplômé d'état)*. Empfehlenswerte deutschsprachige Gruppenfahrten auf der Dordogne finden Sie z. B. beim ***Osnabrücker Veranstalter Natours***.

Die beste Reisezeit

Die Dordogne ist im Juli und August beliebtes Reiseziel bei Franzosen, Briten und Holländern und an Sonnentagen ist der Fluss voller bunter Boote, die nicht immer den richtigen Kurs finden. Trotzdem hat eine Wasserwanderung auch im August ihre Qualitäten: Das Flusswasser ist badewarm und die Abende lang und lau. Kanutour und Badeurlaub im Doppelpack – das ist gerade für Familien optimal. Nur Flusseinsamkeit sollten Sie im Hochsommer nicht unbedingt erwarten.

Aber selbst im August ist der Fluss nicht durchgängig überfüllt. Tagespaddler kommen nur bei Sonnenschein und bevorzugen bestimmte Strecken. Möchten Sie Region und Fluss lieber in Ruhe genießen, gehen Sie im Juni oder September auf Tour. Beide Monate sind mild und einigermaßen trocken. Auf den Campingplätzen haben Sie dann freie Platzwahl. Sollte es doch zu frisch werden, sind Häuschen und Mietwohnwagen in der Nebensaison oft auch für eine einzelne Übernachtung zu haben. Auf dem Fluss sind Sie nun beinahe alleine. Auch Mai und Oktober sind eine Option für wetterfeste Paddler, bedürfen aber der guten Vorbereitung, da im Mai und meist ab Mitte September viele Campingplätze geschlossen sind.

Das ***Klima*** ist im Dordognetal milder und etwas wärmer als bei uns. Vom Frühjahr bis in den Mai regnet es oft ergiebig und ausdauernd. Im Frühsommer müssen Sie mit höheren Wasserständen, flotterer Strömung und auch mit Hindernissen wie umgestürzten Bäumen im Flusslauf rechnen. Vor allem die ersten Etappen werden im Mai und Juni kaum befahren. Zur Hauptsaison sorgen dann die Betreiber der Kanu-Vermietstationen dafür, dass Gefahrenstellen auf der Strecke beseitigt werden. Im Herbst sollten Sie einen „aufgeräumten" Flusslauf, viele sonnige Tage, buntes Herbstlaub und tendenziell niedrige Wasserstände antreffen. Am Morgen hängt dafür oft noch der Nebel über dem Wasser und die Länge der Etappen muss sich der Kürze der Tage anpassen.

Blick auf die Region

Während des 100jährigen Krieges (1335–1453), in dem England versuchte, seinen erbrechtlichen Anspruch auf den französischen Thron durchzusetzen, verlief die Grenze zwischen den Kontrahenten quer durch Frankreich und die Dordogne kam zu unerfreulichem Ruhm. Am Nordufer verschanzten sich die Engländer und im Süden herrschten die Franzosen. So ist das Flussufer noch heute großzügig mit Schlössern und Burgen verziert. Einige davon, wie Beynac auf der englischen Seite und Castelnaud am französischen Flussufer, stehen sich in Sichtweite gegenüber – so hatte man den Feind stets im Visier. Selbst die Dörfer wurden damals häufig als wehrhafte Bastiden erbaut, viele davon sind bis heute gut erhalten. So liegen am Ufer unseres Wanderflusses mit Carennac, Domme, La Roque-Gageac, Castelnaud-la-Chapelle, Beynac und Limeuil sechs der prämierten ***„Plus Beaux Villages de France"***. Wären da nicht Autos, Wohnmobile, Parkuhren, in glänzende Metalldosen abgefüllte

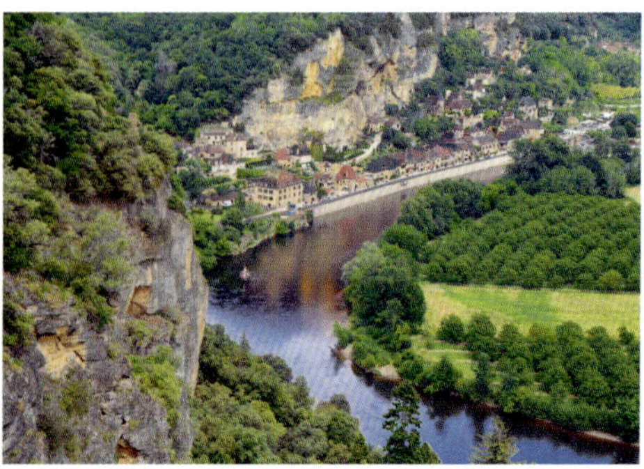

Ausblick von den Jardins de Marqueyssac: La-Roque-Gageac aus der Vogelperspektive

Gänse- und Entenleber und modern gekleidete Touristen – man könnte fast meinen, statt im Kanu versehentlich in einer Zeitmaschine gelandet zu sein. Würdige Häuser aus Stein, umringt von einer stabilen Stadtmauer, kleine Läden und Cafés, enge Gassen, hier und da ein Kirchturm, ein ausgezeichnetes Restaurant oder ein altes Kloster prägen das Bild.

Ihr Hotel finden Sie in einem der schön restaurierten alten Steinhäuser und Ihr Zeltplatz liegt meist direkt am Fluss. Neben den Feldern am Flussufer wachsen Walnussbäume und über die Wiesen marschieren Gänse und Enten. Zumindest so lange, bis sie köstlich zubereitet auf Ihrem Teller landen.

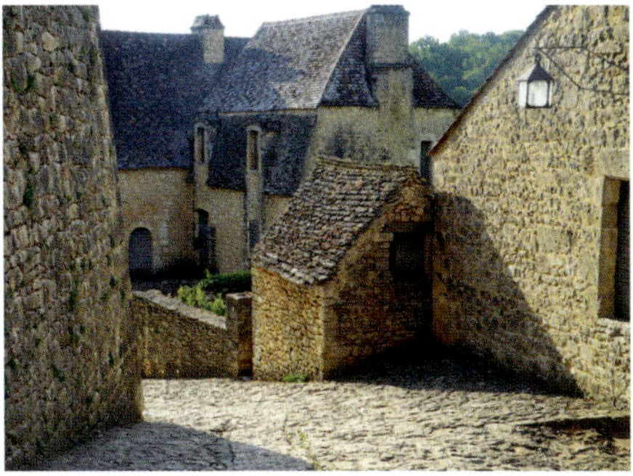

Durch die steilen Gassen von Beynac geht es vom Fluss zur Burg hinauf

Das ***Périgord*** ist ein Paradies für Feinschmecker. Omelett wird hier mit Trüffeln aus den umliegenden Wäldern zubereitet. Ente gibt es als Magret de Canard – Entenbrust – oder eingekocht als Rillettes oder Confit. Eine besondere, aus Tierschutzgründen umstrittene Spezialität der Region ist die Foie gras (wörtlich Fettleber) von Ente oder Gans, die durch eine 14-tägige Mastkur der Vögel vor dem Schlachten entsteht. Probieren können Sie diese in jedem Restaurant oder Sie erstehen eine Dose Foie gras auf einer Gänsefarm oder in einem der vielen Spezialitätengeschäfte. Die Walnüsse der Plantagen am Flussufer serviert man als Kuchen, verarbeitet sie zu Öl oder dem süßlichen Aperitiv „Vin de Noix".

Rund um ***Bergerac***, etwas weiter unten am Fluss, wird seit über 2000 Jahren ausgezeichneter Wein gekeltert. Und dann ist da noch der Rocamadour, cremig wie ein Frischkäse und aromatisch wie ein Camembert. Benannt ist er nach dem spektakulär am Felsen klebenden Pilgerort, der nur wenige Kilometer von unserer Paddelstrecke entfernt liegt.

Auch etwas abseits vom Fluss lohnt das ***Tal der Dordogne*** einen Besuch. In den Kalkfelsen rechts und links des Flusstals gibt es unzählige Höhlen. Zahlreiche Funde belegen die Besiedlung des Dordogne- und des benachbarten ***Vézèretales*** seit der Steinzeit.

Besonders spektakulär sind die bemalten ***Höhlen von Lascaux, Rouffignac, Font de Gaume*** und ***Peche-Merle***, die man auch besichtigen kann. Die Wände der eindrucksvollen ***Höhle von Lascaux*** sind bedeckt mit

Hunderten ausdrucksstarker, bewegter Tierzeichnungen. *Die Originalhöhle wurde 1963 für Besucher geschlossen, um die prähistorischen Kunstwerke zu retten. 1983 wurde neben der echten Höhle eine naturgetreue Kopie der interessantesten Höhlenräume fertiggestellt. 2018 eröffnete eine zweite, umfangreichere Nachbildung der Höhle, die als Teil des Centre International de l'Art Pariétal (internationales Zentrum der Höhlenmalerei) zu den wichtigsten Sehenswürdigkeiten Frankreichs und zum UNESCO Weltkulturerbe gehört (www.lascaux.fr).*

Wenige Kilometer weiter ist ***La Roque St.-Christophe*** nur eine von mehreren Felsgalerien, deren Besiedlung von der Steinzeit bis ins Mittelalter nachgewiesen ist. Das prähistorische Museum in ***Les Eyzies***, der ***Park von Le Thot*** und der liebevoll gestaltete ***Prehistoparc*** sorgen für lebendige Hintergrundinformationen zur Frühzeit der Menschheit. Nicht alle Höhlen der Region sind bemalt: Eine Sehenswürdigkeit ersten Ranges ist auch die riesige ***Tropfsteinhöhle Gouffre de Padirac*** im ***Département Lot.*** Der Zugang erfolgt im Boot auf einem unterirdischen Fluss.

Zur Tour

Der für Wanderpaddler geeignete 150 Kilometer lange Dordogneabschnitt beginnt unterhalb der Stauseen und fließt durch drei französische Départements. Zwischen Argentat und Beaulieu durchpaddeln Sie das ***Département Corrèze,*** bis Souillac durchfließt die Dordogne das ***Département Lot.*** Die beliebte Region um Sarlat und Beynac ist Teil des ***Départements Dordogne***. Hier ist die Dordogne weitgehend naturbelassen und windet sich in Mäandern durch fruchtbares Weideland. Die Felsabbrüche der angrenzenden Hochebenen rücken streckenweise nahe an den Fluss heran und sorgen dann für ein spektakuläres Landschaftsbild. Unterhalb von Limeuil wird der Fluss breit und träge und ist durch viele Wehre gebändigt, was die Befahrung nur noch bedingt lohnend erscheinen lässt.

Zur besseren Übersicht haben wir die 7-8-tägige Wasserwanderung in 3 Abschnitte unterteilt. Mehr zufällig deckt sich die Aufteilung der Tourabschnitte ungefähr mit den Grenzen der Départements.

Abschnitt 1 *(Département Corrèze): Argentat bis Beaulieu (25 km)*

Die erste Tagesetappe zwischen Argentat und Beaulieu ist sportlich und wird mit Wildwasser I-II klassifiziert, was hauptsächlich durch zwei Schlüsselstellen gerechtfertigt ist: den Malpas 2 km hinter Argentat, und Le Battut kurz vor Beaulieu. Dazwischen erfordern kleine Kiesbankschwälle und im Wasser verstreute Felsbrocken sichere Bootsbeherrschung in flotter Strömung. Wenn, wie im Hochsommer üblich, der Pegel in Argentat deutlich unter einen Meter fällt, muss häufiger mit Grundberührung gerechnet werden (Achtung Faltboote!). Anfänger im Kanu sollten die Dordognefahrt unterhalb des Malpas beginnen, der nur schlecht umgangen werden kann. Bei Le Battut kann man die Boote auch treideln oder über eine Kiesbank umtragen. Wer unsicher ist, startet erst in Beaulieu.

Abschnitt 2 *(Département Lot): Beaulieu bis Souillac (57 km)*

Die Strecke zwischen Beaulieu und Gluges wird kaum für Tagestouren gewählt und ist auch im Sommer ruhig. Nach einigen flotten Kiesbankschwällen zieht die Dordogne eingerahmt von Wald und Feldern große Schleifen. Aufmerksamkeit erfordert das Wehr vor Carennac. Ein Bummel durch die engen Gassen des Dorfes ist lohnenswert. Hinter Gluges beginnt dann der landschaftlich spektakulärste Teil der Tour. Im Vallée des Rocs rücken die imposanten Felsabbrüche der benachbarten Hochebenen Causse de Martel und Causse de Gramat wechselseitig dicht an den Fluss und sorgen für eine dramatische Kulisse und stetige Richtungsänderungen. Hübsche Dörfer säumen den Fluss, Burgen und Schlösser hoch auf den Felsen wachen über das Tal. Ein Besuch lohnt das Dörfchen Creysse mit seiner alten Kirche und die Höhle von Lacave. Creysse ist ein guter Ausgangspunkt für einen Ausflug nach Rocamadour.

Abschnitt 3 *(Département Dordogne): Souillac bis Limeuil (72 km)*

Hinter Souillac erreichen wir bald den belebtesten Teil der Dordogne. Fahrtechnisch ist der Fluss jetzt unkompliziert. Ein Vermieter folgt dem anderen und spätestens ab Groléjac wird es eng auf dem Wasser. Das hat natürlich einen Grund: Auf diesem Abschnitt drängen sich die Attraktionen auf engstem Raum – nach dem Château Montfort folgt auf einem Hügel die Bastide von Domme, dann klammern sich die Häuser von La Roque-Gageac an die Steilwand. Die stattliche Burganlage von Castelnaud kommt in Sicht und gleich dahinter die Burg von Beynac und das Château Fayrac. In Beynac enden die meisten Dordognefahrten. Die beiden großen Kanustationen Safaraid und Copeyre holen

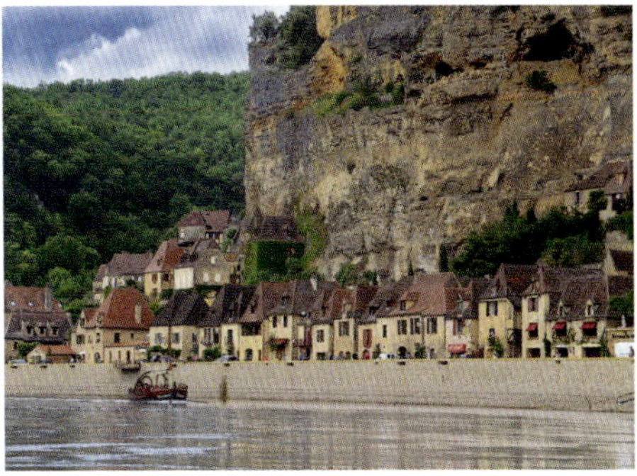

Zwischen Fluss und Felswand: La-Roque-Gageac

spätestens hier ihre Boote aus dem Wasser. Kleinere Vermieter, wie zum Beispiel Explorando oder Couleurs Périgord, sammeln ihre Mietboote auf Wunsch auch 30 Kilometer weiter unten in Limeuil ein. Hinter Beynac wird die Dordogne breiter, die Ufer flacher und die stille Landschaft ist nicht mehr so ungewöhnlich. Dafür können Sie hier selbst im Hochsommer Ihre Kanutour in Ruhe ausklingen lassen.

Übernachtung

Wenn Sie mit dem Zelt unterwegs sind, bleibt die Länge Ihrer Etappen flexibel. Die in unserer Planung angesetzten 20 Kilometer pro Tag bedeuten durchschnittlich etwa 4-5 Stunden ***Paddelzeit***.

Viele ***Campingplätze*** haben einen Bereich für Kanuten, der auch im Hochsommer bis zum Abend freigehalten wird. Es ist daher nur für Gruppen notwendig Plätze vorher zu reservieren. Einige Campingplätze liegen in Ortsnähe, so dass Sie abends gepflegt essen gehen können, andere verstecken sich mitten in der Natur. Wer es naturnah und einfach mag, fährt mit den gemeindeeigenen ***„Camping municipal"*** besonders gut. Eine Übernachtung für 2 Personen kostet hier in der Hochsaison zwischen 12 € und 18 €. Private Plätze sind meist teurer (18-30 €) und fast immer mit Pool, Bar oder Restaurant ausgestattet.

Wer lieber in einem richtigen ***Bett übernachtet***, findet an der Dordogne besonders attraktive Quartiere. Ob nun ***Chambre d'hôtes*** (die französische Form des B&B) oder ***Hotel*** – Sie treffen in den Dörfern auf liebevoll geführte, stilvolle Unterkünfte. Der durchschnittliche Übernachtungspreis für 2 Personen im Doppelzimmer beträgt 60-90 €.

Das Frühstück wird im Hotel mit etwa 6-10 € pro Person extra berechnet. Im Chambre d'hôtes ist das Frühstück im Preis enthalten. Da einige der Hotels nur wenige Zimmer haben, sollten Sie Hotelunterkünfte frühzeitig reservieren. Die genannten Unterkünfte liegen max. 400 Meter vom Ufer entfernt, daher empfiehlt sich ein Bootswagen. Nicht in allen Hotels ist es möglich Kanus unterzustellen, eventuell müssen diese am Anleger gesichert werden. Dazu ist es sinnvoll ein geeignetes Schloss mitzunehmen.

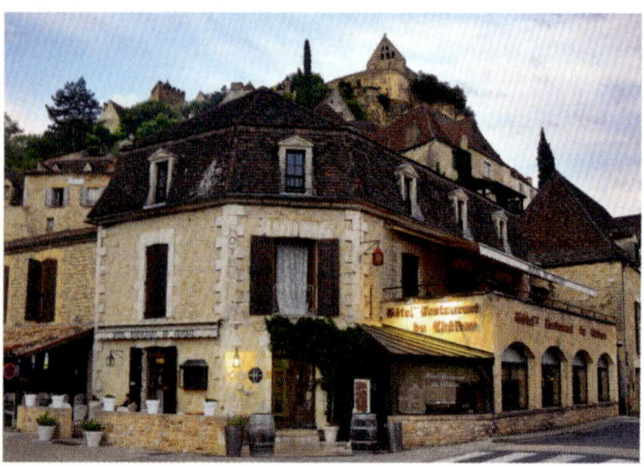

Eine von vielen stilvollen Unterkünften direkt am Fluss: Hotel Le Château in Beynac

Essen und Einkaufen

Im Hochsommer können Sie auf den privaten Campingplätzen das Nötigste einkaufen, meist gibt es auch ein Restaurant. Komplizierter wird es in der Nebensaison, wenn Läden und Restaurants der Campingplätze geschlossen sind. Eine „Alimentation" gibt es längst nicht in jedem Dorf am Ufer. Die wichtigsten Grundnahrungsmittel sollten Sie also vor der Tour besorgen und mitnehmen. Zur Versorgung mit frischen Lebensmitteln finden Sie Hinweise auf Einkaufsmöglichkeiten in der Tourbeschreibung. Vorsicht! Die Läden in den kleinen Orten machen zwischen 12 und 16 Uhr etwa 2-3 Stunden Mittagspause!

Restaurants haben in Frankreich strikt geregelte Öffnungszeiten. Mittagessen bekommen Sie zwischen 12 und 14 Uhr (max. 14.30 Uhr), abends ist die Küche meist ab 19 Uhr bis ca. 22 Uhr geöffnet. Dazwischen haben die meisten Restaurants geschlossen. Wer am Nachmittag Hunger hat, sucht am besten eine Snack-Bar oder ein Café, die oft auch kleine Gerichte anbieten. Teils sind diese jedoch nur im Hochsommer geöffnet.

Kilometrierung

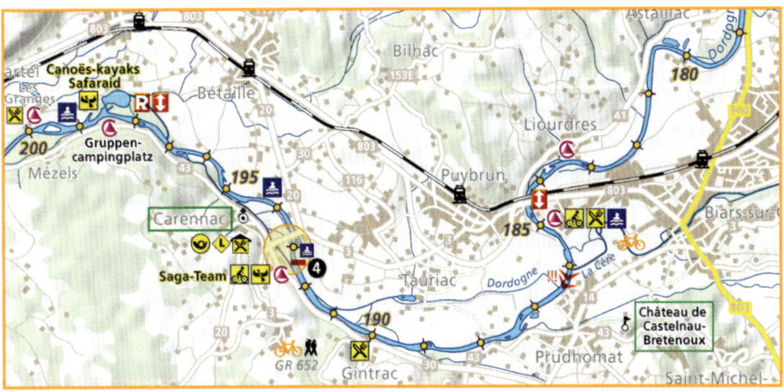

Um Ihnen die Nutzung der Wasserwanderkarten und der Beschreibung der Tour auf der Dordogne in diesem Buch zu erleichtern, finden Sie in der Randspalte Kilometerangaben.

Die Tour beginnt in Argentat bei **km 150**. Sie können die Entfernungen auch leicht in den Karten abmessen: Die Strecke von einem gelben Punkt zum nächsten entspricht in etwa einem Kilometer. Alle fünf Kilometer sind die Kilometerzahlen ausgeschrieben. Die Kilometrierung haben wir anhand genutzter Karten sowie GPS-Daten der Autorin erstellt. Es handelt sich nicht um eine amtliche Kilometrierung.

Infos zur Kanutour auf der Dordogne

Aktivitäten	Natur	Kultur	Baden	Hindernisse
★★★☆	★★★☆	★★★☆	★★★★	★★☆☆

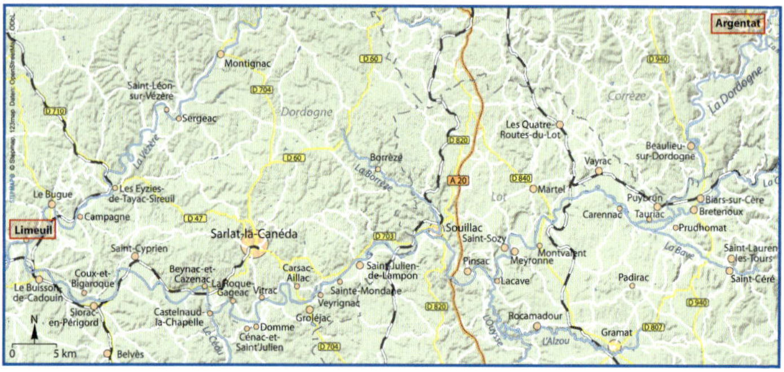

Charakter der Tour

Im oberen Bereich erfreut die Dordogne mit flotter Strömung. Diese wird schnell ruhiger, reicht jedoch fast immer, um sich zwischendurch einfach gemütlich treiben zu lassen und dabei trotzdem vorwärts zu kommen. Der Fluss durchquert Weideland und Felder und ist zeitweise von Straßen am Ufer einsehbar.

Die Ufer sind meist naturbelassen und nur von malerischen kleinen Ortschaften gesäumt. Kontakt mit der „modernen Zivilisation" erwartet Sie nur in der Mitte der Paddelstrecke bei Souillac, wo Sie zuerst die Autobahn unterqueren und dann einen beinahe urbanen Einkaufsstopp einlegen könnten.

Außer den flachen Ausflugsbooten, die bei Beaulieu, Beynac und La Roque-Gageac einige hundert Meter den Fluss hinauf und hinunter kreuzen, gibt es auf der Dordogne keinen motorisierten Bootsverkehr. Zwei Wehre können über Bootsrutschen umfahren werden, umtragen ist auf der beschriebenen Strecke nicht notwendig.

Die große Auswahl an Campingplätzen ermöglicht eine flexible Tourengestaltung. Die vorgeschlagenen Etappen dienen daher ausschließlich der Orientierung. In regelmäßigen Abständen finden sich in Ufernähe Gasthöfe und Hotels, so dass Sie die Flussfahrt bei entsprechender Vorbereitung auch ohne Zelt antreten können.

Sehenswürdigkeiten (in der Reihenfolge des Tourenverlaufs)

Argentat: Hübsche *Altstadt mit vielen Steinhäusern und engen Gassen,* besonders stimmungsvoll ist der Quai Lestourgie am Dordogneufer.

Beaulieu: *Altstadt mit Stadtmauer, Musée de la Renaissance, Chapelle de Pénitents* (Büßerkapelle) am Flussufer mit besonders kunstvollem *Portal* (12. Jh.), *Abteikirche St. Pierre* (12. Jh.).

Château d'Estresse (Privatbesitz): Die *mittelalterliche Schlossanlage und der große Garten,* unter anderem mit *zweitausend Jahre alten Eiben,* kann besichtigt werden. Anmeldung empfohlen, Tel. +33 (0)555 91 10 28.

Château de Castelnau-Bretenoux: Gigantische *Burganlage* auf einem Hügel, 6 km vom Fluss entfernt.

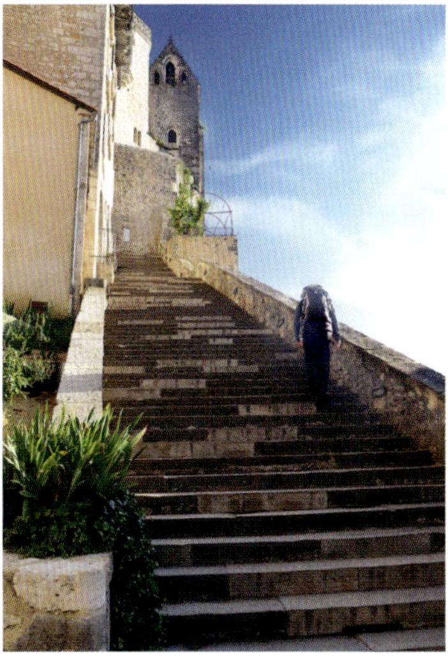

Die „Grand Escalier" in Rocamadour

Carennac: *Mittelalterliche Altstadt* mit Häusern aus dem 16. Jh., *Château de Doyens mit Museum Espace Patrimoine, Église St. Pierre* (12. Jh.).

Creysse: *Kirche* (12. Jh.), *Moulin de Cacrey.* Ausflug per Minibus nach Rocamadour möglich.

Saint-Sozy: Wanderung zum *Belvédère.*

Lacave: *Tropfsteinhöhle Grotte de Lacave.* Wanderweg nach Rocamadour.

Rocamadour: siehe Seite 56.

Souillac: siehe Seite 63.

Sarlat: siehe Seite 68.

Domme: siehe Seite 76.

La Roque-Gageac: *Jardin Exotique, Markt* (Freitagvormittag).

Castelnaud-la-Chapelle: *Château Castelnaud* (Museum mittelalterliche Kriegskunst), *Ölmühle und Museum Ecomusée de la Noix, Gartenanlage Les Jardins de Marqueyssac* (ca. 10 km von Castelnaud entfernt).

Beynac: *Château de Beynac* (12. Jh.). Schmale *Gassen* und *alte Häuser.*

Château des Milandes: *Musée de Josephine Baker, Fasanerie* (rapaces) und *Café im Schlosspark.*

Limeuil: *Mittelalterlicher Ortskern, Jardins panoramiques* (Schlossgarten), *Chapelle St. Martin.*

Sonstige Aktivitäten

Paddeln im Tal der Vézère

Eine fast ebenso gute Infrastruktur wie an der Dordogne finden Sie an der idyllischen Vézère, die am Ende der Tour in die Dordogne mündet. Die Ufer sind gesäumt mit prähistorischen Fundstätten. Das Kanu treibt direkt unter den Felswänden der uralten Siedlungen **La Roque Saint-Christophe** und **La Madeleine** vorbei.

Das ebenfalls an der Vézère gelegene Dorf **Les Eyzies-de-Tayac**, das sich selbst als „Welthauptstadt der Prähistorie" bezeichnet, beherbergt ein großes Museum und ist Zugang zu den bemalten ***Höhlen Les Combarelles*** und ***Font de Gaume***. Auch die berühmte ***Höhle von Lascaux*** bei **Montignac** liegt nur wenige Kilometer vom Fluss entfernt.

Mit dem Kanu entdecken Sie das „Vallée des Hommes" (Tal der Menschen) zwischen **Montignac** und **Limeuil** in drei Tagesetappen. Der Fluss ist durchgängig unkompliziert zu paddeln und wechselt zwischen moderater Strömung und ganz ruhigen Passagen.

Wie die Dordogne, wird auch die Vézère an schönen Sommerwochenenden durch unzählige Tagespaddler unangenehm voll.

Außerhalb der Hochsaison finden Sie einen ruhigen Fluss vor. Die interessanteste Etappe (18-22 km) ist die Strecke zwischen **Thonac** oder **St. Leon** und **Les Eyzies-de-Tayac**.

Zwei empfehlenswerte Kanustationen an der Vézère:

Canoës Loisirs an der Vézèremündung in **Limeuil**. Kanuvermietung in perfekter Lage für eine an die Dordognefahrt anschließende Dreitagestour auf der Vézère. Mitnahme von Paddlern mit eigenen Booten eventuell auf Nachfrage möglich. Tel. +33 (0)553 63 38 73, www.canoes-rivieres-loisirs.com

Canoës APA im schönen Dörfchen **St. Leon**. Kanuvermietung am Beginn der interessanten Tagesetappe zwischen St. Leon und Les Eyzies. Einfacher, aber schöner Camping am gegenüberliegenden Ufer in St. Leon.

Es werden auch Kanus für die komplette Flusstour vermietet. Tarif ca. 20 € pro Tag und Person inkl. Schwimmweste, Paddel, Tonne und Bustransfer. Auf Nachfrage werden gegen Gebühr auch private Kanus transportiert. Tel. +33 (0)553 50 67 71, www.canoevezere.com

Wandern

Mehrere Weitwanderwege queren das Tal der Dordogne.

Der wichtigste von ihnen ist der ***GR 6***, der von Limeuil ins Vézèretal führt und dann bei Sarlat wieder auf die Dordogne trifft. Weiter geht er über Souillac nach Rocamadour und bei Figeac auf den französischen Jakobsweg.

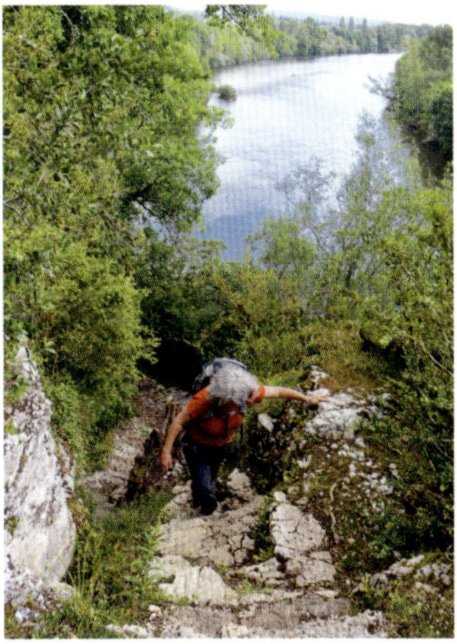

Wandern auf schmalen Pfaden zwischen Flusstal und Hochebene

Im Périgord zweigt der ***GR 64*** nach Montfort und Domme vom GR 6 ab, und im Département Lot begleitet der ***GR 652*** die Dordogne am südlichen Ufer, um dann bei Bretenoux ins Cère-Tal zu wechseln.

Außerdem sind zwischen den Dörfern unzählige kurze ***Wanderrouten*** markiert, die vergleichsweise wenig begangen werden. Informationen über deren Verlauf erhalten Sie in Form von günstigen Faltblättern (auf französisch) inkl. einer guten Wanderkarte in den Tourist-Infos. Dabei deckt jede Gemeinde nur ihr eigenes Gebiet ab. Anregungen für ***kurze Wanderungen*** direkt ***an der Paddelstrecke*** finden Sie in der Flussbeschreibung in diesem Buch.

Einige besonders schöne Wanderrouten an der Dordogne und in den benachbarten Tälern des Lot und der Vézère habe ich im Buch **„Im Tal der Dordogne"** (*Naturzeit Reiseverlag*) zusammengestellt.

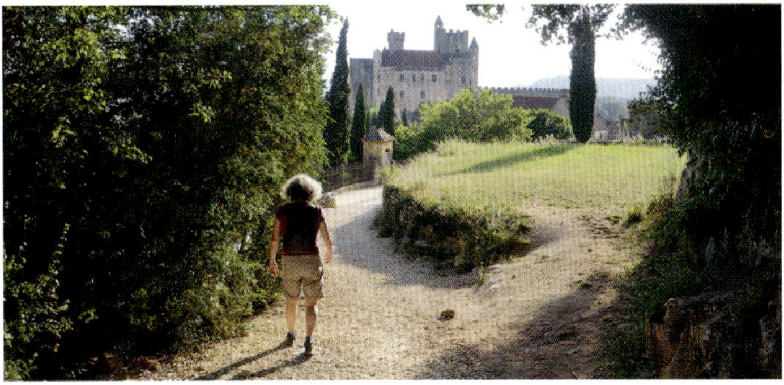

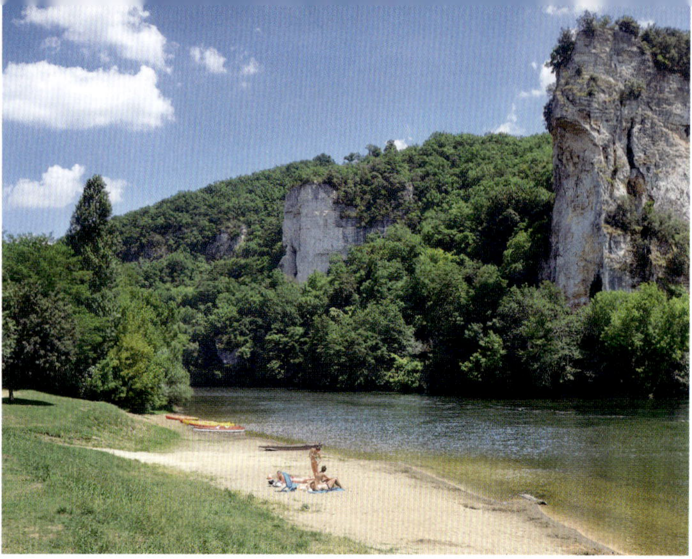

Baden am Sandstrand unterhalb von Montfort

Baden

Die Wasserqualität der Dordogne ist gut und das Wasser meist erfreulich klar, so dass Sie überall im Fluss baden können.

Es gibt auch einige offizielle Badestellen mit Liegewiese, meist dienen aber die im Hochsommer reichlich vorhandenen ausgedehnten Kiesbänke als Badeufer.

Angeln

Die Dordogne ist ein sehr beliebtes Angelrevier. Zum Angeln brauchen Sie auch in Frankreich einen ***Angelschein*** *(Carte de Pêche)*, der für einzelne Tage oder als Urlaubsschein für eine ganze Woche im Rathaus der jeweiligen Gemeinden erhältlich ist.
Weitere Informationen unter http://de.cartedepeche.fr

Klettern, Canyoning und Höhlentouren

Die steil abfallenden Felsen am Flussufer lassen kletternden Paddlern schon auf der Flussfahrt das Herz höher schlagen.

Wer zwischendurch andere Muskeln beanspruchen und einen Tag das Paddel gegen Klettergurt und Seil tauschen möchte, ist in **Creysse** bei der ***Compagnie Sports Nature*** an der richtigen Adresse. Alle angebotenen Aktivitäten wie *Höhlentouren, Klettern* und *Canyoning* starten direkt am Camping Lot du Port.

Compagnie Sports Nature, 46600 Creysse, Tel. +33 (0)565 32 27 59, www.compagnie-sports-nature.com

Geführte Klettertouren für Anfänger und Fortgeschrittene hat außerdem ***Couleurs Périgord*** an der ***Pont de Fayrac*** bei **Beynac** im Angebot.
Couleurs Périgord, Plage de Vézac - Pont de Fayrac, 24220 Vézac, Tel. +33 (0)553 30 37 61, www.ladordogneencanoe.com
Wer auf eigene Faust losziehen möchte, findet Informationen (auf französisch) unter www.ffme.fr

Radfahren

Radtouren sind im Dordognetal ein sportliches Vergnügen. Da die Felsen oft nahe ans Ufer rücken, führen Straßen und Wege stetig bergauf oder bergab. Für Radler mit guter Kondition ist die Auswahl an schmalen, wenig befahrenen Sträßchen groß und eine Fahrt auf die stillen Hochplateaus lohnenswert. Mieträder bekommen Sie an vielen Campingplätzen oder Kanustationen.

Relativ eben und auch gut für Normalradler geeignet, ist die auf einer ehemaligen Bahntrasse verlaufende ***Piste cyclable***, die westlich von **Souilliac** die Dörfer am Fluss mit der sehenswerten Stadt **Sarlat** verbindet.

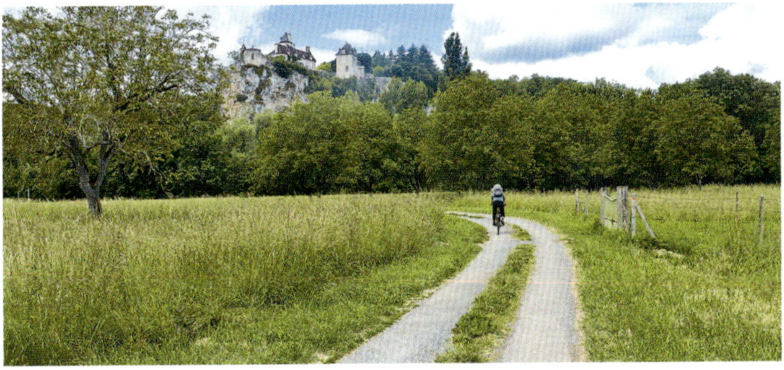

Anreise

Mit dem Auto

Durch die Schweiz oder das Elsass und den französische Jura nach Clermont-Ferrand. Auf der A 89 in Richtung Bordeaux bis zur Ausfahrt 22 / Egletons und weitere 30 km auf der D 18 über Marcillac und St. Martin nach **Argentat**.

Mit Bahn & Bus

Für Faltbootfahrer ist die Anfahrt mit der Bahn eine gute Alternative. Im zentralistisch organisierten Frankreich führen Zugstrecken in die französische Provinz meist über Paris. So erreichen Sie **Argentat** über Brive-la-Gaillarde, das an der Zugstrecke Paris-Bordeaux liegt. Ein Regionalzug bringt Sie nach Tulle und mit dem Bus der Linie 7 weiter nach **Argentat**. Alternativ fährt 2-3 mal am Tag die Buslinie 1 von Brive nach Argentat. Die Linie 9 fährt von Brive nach Beaulieu. Den Busfahrplan finden Sie unter https://transports.nouvelle-aquitaine.fr

Die Rückfahrt können Sie von den Orten **Siorac-en-Périgord** oder **Le Buisson-de-Cadouin** antreten. Beide Dörfer sind über die Zuglinie 34 mit **Périgueux** oder über die Zuglinie 33 mit **Sarlat** bzw. **Bordeaux** verbunden. Von Bordeaux können Sie dann direkt mit dem TGV nach Paris fahren. Von Périgueux erreichen Sie mit dem Train Ter den Ort Limoges an der TGV-Linie Brive – Paris. Von Sarlat geht es mit dem Bus nach Souillac und von dort per Bahn weiter nach Brive und nach Paris.

Zurück zum Pkw

Die Rückfahrt von **Beynac** oder **Limeuil** mit ***öffentlichen Verkehrsmitteln*** nimmt einen kompletten Tag in Anspruch, da Sie unterwegs mehrfach umsteigen müssen. Starten Sie daher unbedingt früh am Morgen. Folgendermaßen wäre die Route: Von Le Buisson-de-Cadouin, Siorac oder St. Cyprien erreichen Sie per Zug Sarlat. Alle drei

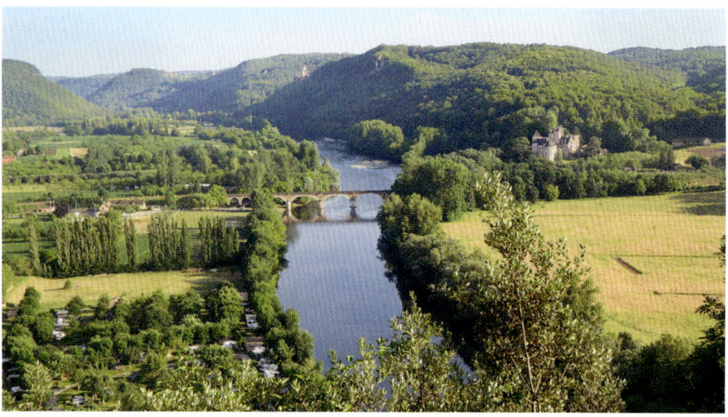

Flussblick vom Schloss Beynac

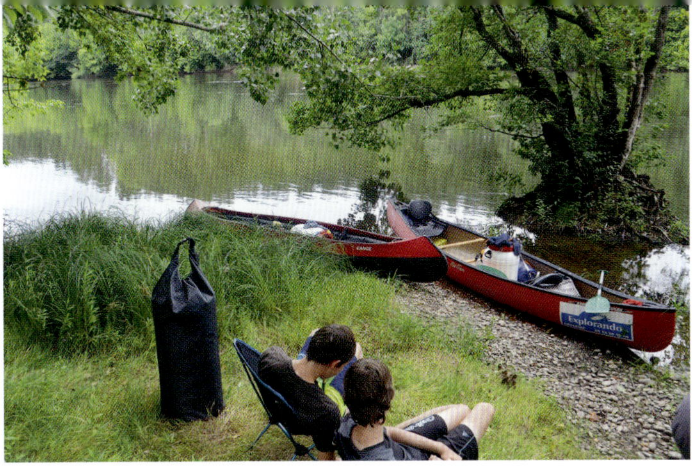

Am Flussufer warten viele schöne Pausenplätze

Orte haben einen Campingplatz und der Bahnhof liegt etwa 2 km vom Fluss entfernt.

Von **Sarlat** gibt es etwa 5-6 mal täglich eine Busverbindung nach **Souillac**. Von **Souillac** fährt ein Zug nach **Brive-la-Gaillarde** oder alternativ nach **Bretenoux-Biars**. Von **Bretenoux** erreichen Sie **Beaulieu** mit dem Taxi. Im Juli und August fährt von **Beaulieu** ein Bus nach **Argentat**. Von **Brive** können Sie auch nach **Tulle** weiterfahren und dort in den Bus der Linie 7 nach **Argentat** umsteigen. Von **Brive** wird **Argentat** 2-3 x tägl. auch direkt von der Buslinie 1 angefahren. **Beaulieu** erreichen Sie von **Brive** mit der Buslinie 9.
Fahrplaninfos: https://transports.nouvelle-aquitaine.fr (Bus) und www.sncf.com (Bahn).

Einfacher ist es ***mit zwei Pkw's*** anzureisen und einen am Ende der geplanten Strecke zu parken. Eine lohnenswerte Alternative ist die Anfrage bei einer Kanuvermietung. Nach Absprache ist es möglich, bei einem geplanten Transfer von Mietbooten, zu einem passablen Tarif mitzufahren. In der Nebensaison finden diese Fahrten aber selbst bei großen Anbietern nicht täglich statt, so dass Sie sich deren Terminplan anpassen müssten. Sollten die Plätze im Bus knapp sein, platzieren Sie ihr Kanu mitsamt allem Gepäck am besten am gewünschten Startpunkt und fahren nur ihren Pkw zum Parkplatz der Vermietstation. So reicht schon ein freier Platz im Bus nach Argentat oder Beaulieu, damit Sie mitfahren können. Den Transport müssen Sie unbedingt vorher telefonisch absprechen. Als Ansprechpartner empfehlen kann ich auch hier ***Explorando*** in **Groléjac**. Die großen Veranstalter Safaraid und Copeyre nehmen aus Versicherungsgründen niemanden mehr mit.

Wer das Auto abends mit dem Fahrrad (Faltrad im Boot mitnehmen) nachholen möchte, radelt meist auf schmalen Sträßchen in Flussnähe. Wählen Sie dazu jeweils die Strecke am flacheren Ufer und rechnen Sie trotzdem mit der ein- oder anderen anstrengenden Steigung.

Literaturhinweise

„Im Tal der Dordogne“, 42 Entdeckertouren zu Fuß, mit dem Fahrrad oder dem Kanu und die wichtigsten Sehenswürdigkeiten direkt am Fluss und in der Region finden Sie in meinem Reiseführer aus dem ***Naturzeit Reiseverlag***, Mai 2019.

„Périgord, Dordogne“, vertiefende Informationen zu Kunst und Kultur der Region bietet der ***Michelin Reiseführer***.

Die **Regionalkrimis um Bruno**, den sympathischen Dorfpolizisten, sowie **„Brunos Kochbuch“** von *Martin Walker* ***(Diogenes Verlag)*** & der französische Bestseller **„Der Fluss der Hoffnung“** von *Christian Signol* (nur antiquarisch erhältlich, ***Verlag Urachhaus***) vermitteln unterhaltsam ein Gespür für das Périgord und seine Geschichte.

Die Kanutour auf der Dordogne

Etappenvorschlag

1. Tag	Argentat – Beaulieu	ca. 25 km
2. Tag	Beaulieu – Carennac	ca. 17 km
3. Tag	Carennac – Creysse	ca. 18 km
4. Tag	Creysse – Souillac	ca. 21 km
5. Tag	Souillac – St. Julien-de-Lampon	ca. 13 km
6. Tag	St. Julien-de-Lampon – Cénac (Domme)	ca. 20 km
7. Tag	Cénac – Beynac (ca. 10 km) weiter nach St. Cyprien	ca. 20 km
8. Tag	St. Cyprien – Limeuil	ca. 18 km

Länge und Dauer der gesamten Tour

Ca. 154 km, 7-8 Tage, je nach Anspruch und Zeitbedarf für Besichtigungen und Ausflüge auch länger.

Etappe 1 – Von Argentat nach Beaulieu

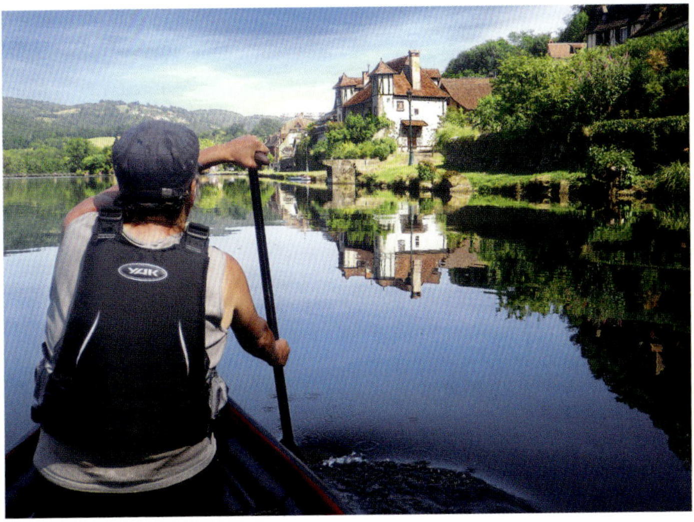

Die ersten Häuser von Beaulieu am Ende der Etappe

Anreise: Siehe Seite 29.

Einsetzstellen in Argentat:
Am oberen Ende des ***Quai Lestourgie*** oder am ***Sportplatz nördlich des Ortes.***

Parken: Hinter der Kirche oder der Schule bzw. am Ortseingang.

Einsetzstellen mit Campingplatz:
Oberhalb der Stromschnelle Malpas: Camping Municipal Argentat, Echo du Malpas oder Europe.
Unterhalb Malpas *(für unerfahrene Paddler empfohlen)*: Camping Soleil d'Oc oder Le Vaurette bzw. Einsetzstelle an der D12 zwischen Le Chambon und Monceaux-sur-Dordogne.

Aussetzstelle Beaulieu:
Neue ***Aussetzstelle*** links vor der Einfahrt in den Kanal am Schwimmbad.

Länge und Dauer der Etappe:
ca. 25 km, 1 Tag.

Keine Umtragestellen, 2 Wildwasser-Stellen, 1 Wehr:

WW Malpas (2 km hinter **Argentat**).

WW Le Battut (ca. 1 km vor **Beaulieu**).

Unfahrbares Wehr in **Beaulieu,** das durch einen Kanal mit kurzer Bootsrutsche umfahren werden kann.

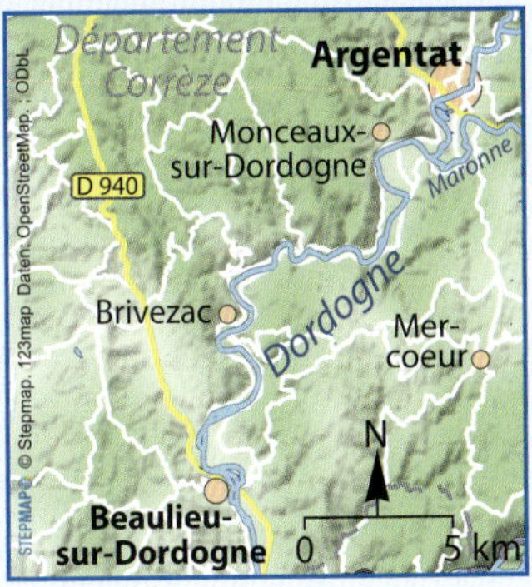

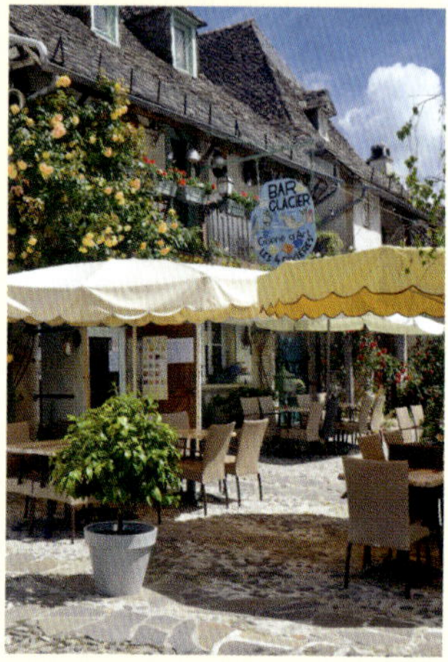

ist schon lange ein Dorf der Flussfahrer. Seine Lage an den Ausläufern der waldreichen Höhen des Zentralmassivs machte es vor dem Siegeszug der Eisenbahn zu einem wichtigen Binnenhafen.

Auf flachen Holzbooten, Gabares genannt, wurde vor allem Holz für Weinfässer nach Bergerac und weiter nach Bordeaux transportiert. Die Boote wurden gestakt oder gerudert, um sie in der Strömung des gefährlichen Wildbaches auf Kurs zu halten. Ab Souillac gab es an den Ufern Treidelwege, so dass die Boote mit neuer Ladung vom Meer flussauf gezogen werden konnten. Im flachen Wasser oberhalb von Souillac konnten dagegen nur kleine, flache Boote bestehen und eine Rückkehr per Boot flussauf war unmöglich. Einmal in Bordeaux angekommen, verkauften die Schiffer aus Argentat ihre flachen Kähne als Bau- oder Brennholz und kehrten zu Fuß nach Hause zurück.

Im Juli und August können Sie in Argentat auch heute noch in einer originalgetreu nachgebauten Gabare auf der Dordogne fahren. Das Boot startet 3 mal täglich (Anmeldung im Tourismusbüro). Außerhalb dieser Zeit liegt die Gabare am Quai Lestourgie, der auch heute noch das lebendige Herz des Dorfes ist. Hier finden Sie Crèperie, Eisdiele und das kleine Hotel Auberge des Gabariers. Läden reihen sich rechts der Brücke an der Hauptstraße, dahinter gruppieren sich die Steinhäuser der Altstadt um die Kirche. Am Ortsrand in Richtung Beaulieu gibt es zwei größere Supermärkte.

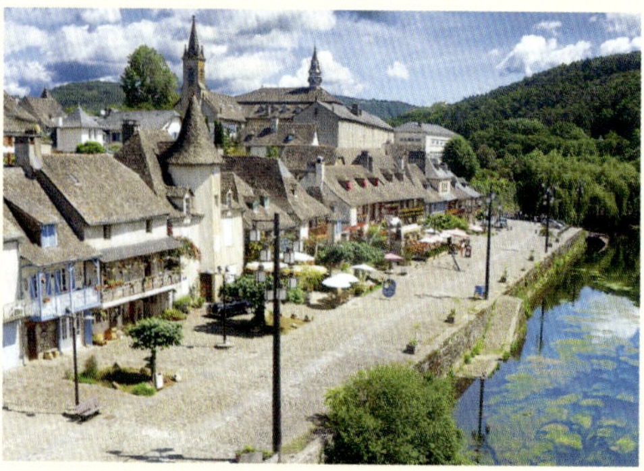

Der Quai Lestourgie in Argentat

Märkte: Donnerstagvormittag traditioneller Markt, 1.+3. Do im Monat großer Markt.
Nachtmarkt mit Musik: Mitte Jul-Mitte Aug jeden Mittwoch ab 19 Uhr.
Office de Tourisme, Place da Maïa, Tel. +33 (0)565 33 22 00, www.vallee-dordogne.com

An der *Bootseinsetzstelle* (*embarquement*) **Argentat**, am oberen Ende des Quai Lestourgie, beginnt die Fahrt mit Blick auf die verschachtelten Häuserzeilen der malerischen Altstadt. Im Juli und August empfiehlt sich wegen des Touristenandrangs der Start am Wassersportzentrum, 1 km nördlich des Ortes oder an einem der Campingplätze flussab.

km 150

Camping Municipal**
+33 (0)555 28 13 84

Auberge des Gabariers
+33 (0)555 28 05 87

Schon gleich durchpaddeln wir in zügiger Strömung die alte Steinbogenbrücke, die die beiden Ortsteile von Argentat verbindet. Dahinter thronen die Steinhäuser der Altstadt über dem Fluss. Dann folgt die moderne Brücke der Umgehungsstraße und Argentat liegt hinter uns.

Hinter der ersten Linkskurve folgt am rechten Ufer der *Camping L'Écho du Malpas* mit vielen Bungalows und Mietzelten und großem Pool mit Wasserrutsche. Sein Zugang zum Fluss über eine seichte Kiesbank macht den Platz zum interessanten Startplatz für eine Flussfahrt. ***Vorsicht kurz vor dem Campingplatz: hier liegen dicke Steinbrocken im flachen Wasser, die bei flotter Strömung umfahren werden müssen.***

km 152

Camping L'Écho du Malpas***
+33 (0)565 10 89 04

!!

Kurz hinter dem Camping L'Écho du Malpas treffen wir auf die erste Schlüsselstelle der Etappe: die ***Stromschnelle Malpas***. *Der Begriff Malpas stammt aus der Zeit der Gabariers, die ihre schwer beladenen Holzkähne von Argentat in Richtung Atlantik steuerten. Als „mal passage" – schlechte Durchfahrt – bezeichnete man in bildhafter Sprache Engpässe im Flusslauf.*

km 153

!!

❶ Stromschnelle Malpas
Befahrungsbeschreibung siehe nächste Seite

Eine langgezogene Felseninsel teilt den Fluss in zwei schnell fließende Arme mit jeweils zwei kleinen Stufen. Rechts auf der Kiesbank, am *Camping Europe* (*alternativer Tourbeginn, sichere Parkmöglichkeit gegen Gebühr, tolle Stellplätze am Fluss, Kiesbank zum Baden, Kanuten willkommen, Platzchef ist selber Paddler*), der direkt an der Stromschnelle liegt, kann man zur besseren Übersicht anlegen. Die am Ufer platzierten Mietboote von *Apache Canoë* signalisieren die richtige Stelle.

Camping Europe***
+33 (0)555 28 07 70

Apache Canoë
+33 (0)555 28 07 70

Die ***„Malpas“*** *ist mit unbeladenem Boot auf beiden Seiten der Insel fahrbar. Rechts braucht es dazu allerdings, vor allem bei niedrigem Wasserstand, sichere Bootsbeherrschung, um die richtige Einfahrt zwischen den Steinen zu treffen. Gleich auf die erste Stufe folgt eine zweite, die mit einer leichten Linkskurve gefahren werden will, dahinter liegen Felsen im Fluss.*

Diese Stelle unbedingt vorher von der Kiesbank aus ansehen!

Mit beladenem Boot fährt man besser ganz links an der Insel vorbei. Dort ist die Durchfahrt gerade und das Wasser etwas ruhiger. Ohne frische Dusche kommt man aber auch hier nicht davon!

Treffen Sie eine klare Entscheidung und fahren Sie die Stelle entweder direkt am linken oder rechten Ufer an. Wer in der Mitte fährt, riskiert über einen flachen Schwall in schlechter Position in den rechten Arm gezogen zu werden – die allerbeste Voraussetzung für eine schnelle Kenterung.

Im Juli und August sind bei gutem Wetter an der rechten Durchfahrt Helfer der Freiwilligen Feuerwehr stationiert, die gekenterten Kanuten aus dem Wasser helfen.

Das schöne, naturnahe Gelände des *Camping Europe* liegt unterhalb eines kleinen ***Schlosses***, in dem die Rezeption residiert. Der Einstieg mit Kanu direkt am Malpas ist allerdings fordernd und für Anfänger wenig geeignet.

Paddler mit Erfahrung haben auf dem Campingplatz die perfekte Möglichkeit, die beste Fahrlinie durch den Malpas vor dem Start zu studieren.

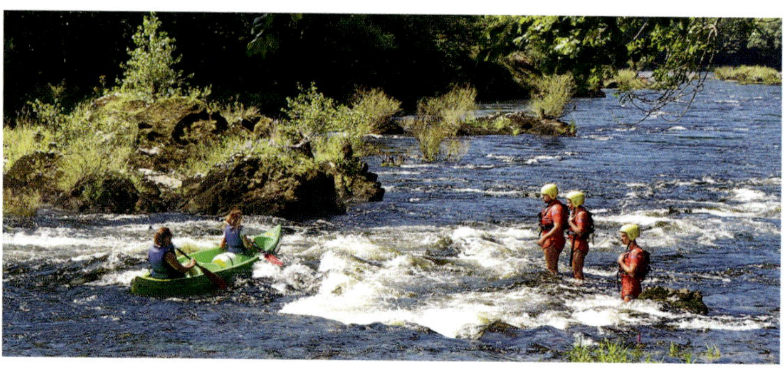

An der rechten Durchfahrt des Malpas sind im Hochsommer Helfer der Feiwilligen Feuerwehr stationiert

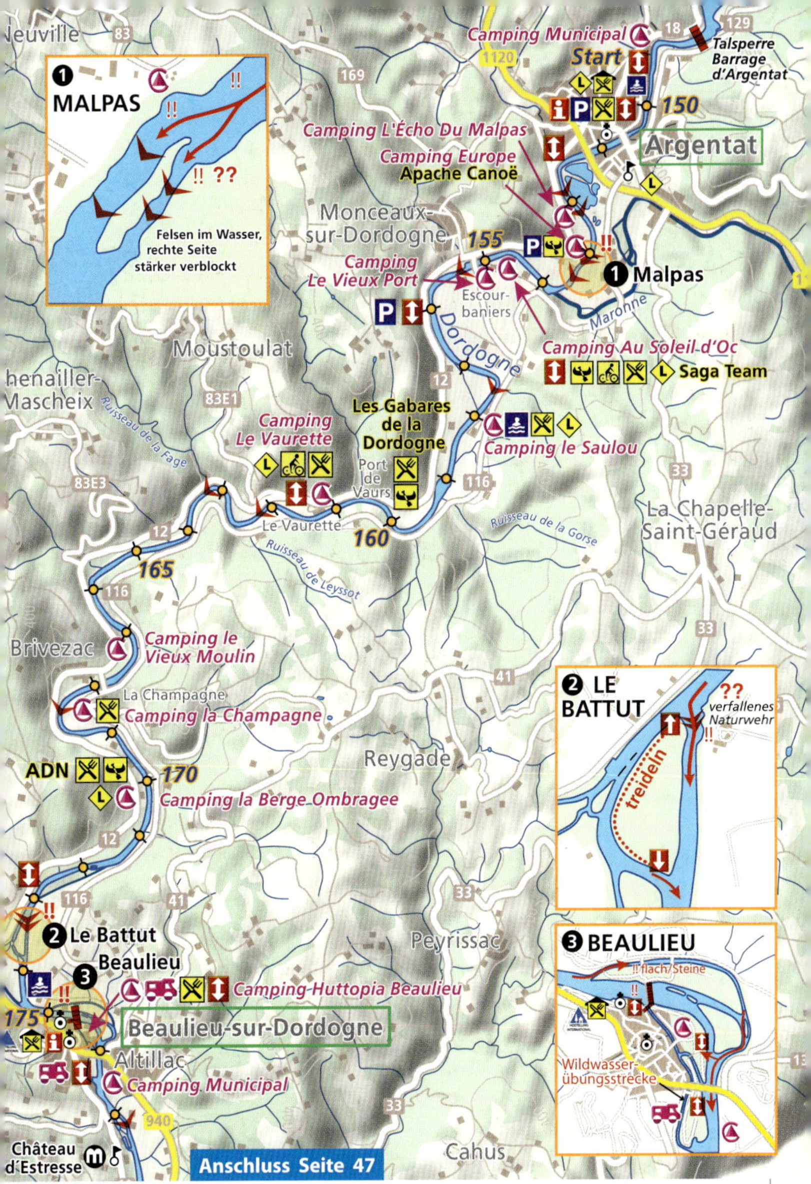

Anschluss Seite 47

Unerfahrene Paddler beginnen die Fahrt besser unterhalb der Stromschnelle, da diese nur schlecht umtragen werden kann.

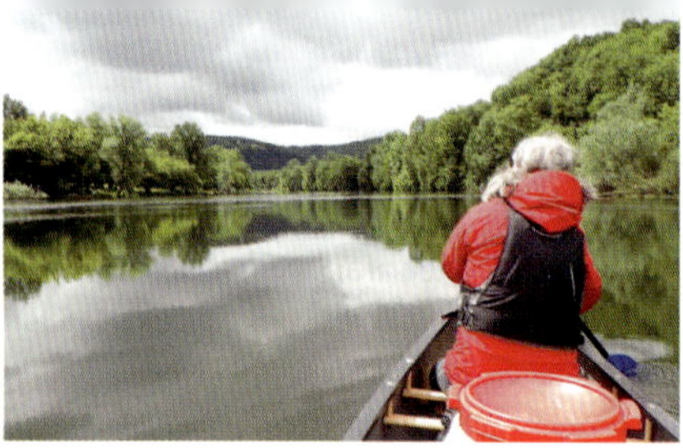

Hinter den Wirbeln des Malpas beruhigt sich der Fluss schnell. Zwischen Feldern, Weiden und Nussbäumen zieht die Dordogne eine Rechtskurve.

km 153,8 In der Kurve mündet die ***Maronne*** an einer breiten Kiesbank in die Dordogne. Dann geht es mal ruhig, mal etwas flotter durch kaum bebautes Weideland. Wann immer es vor uns rauscht ist Aufmerksamkeit gefragt um nicht auf den flachen Kiesflächen zu stranden, die mal rechts, mal links in das Flussbett ragen. Folgt man immer der Hauptströmung ist das Ganze eine spaßige Sache – es sei denn, das Wasser trägt einen in flotter Fahrt unter die überhängenden Bäume im Uferbereich.

km 154,8

Camping au Soleil d'Oc****
+33 (0)555 28 84 84

Saga Team
+33 (0)555 28 84 84

Links staffeln sich Grasterrassen hinter einem bequemen Anlegeplatz mit Kiesstrand. Sie gehören zum komfortablen *Camping Au Soleil d'Oc*, der sich ebenfalls als Einsetzstelle *(Kanuvermieter Saga Team)* für den Fahrtbeginn eignet. Die Rezeption findet man oben an der Straße im Weiler **Escourbaniers**. Im Sommer gibt es hier einen Laden, ein Restaurant, abendliches Animationsprogramm sowie einen schönen Pool.

km 155

Camping Le Vieux Port

Nach 200 Meter folgt kurz vor der Straßenbrücke der kleine *Camping Le Vieux Port* mit wenigen Stellplätzen am Hang. Der Zugang vom Wasser ist steil, dafür ist der Platz ruhig und sehr preisgünstig.

Auf der rechten Flussseite liegt, auf Höhe der Brücke ein Stück vom Ufer entfernt und vom Fluss nicht sichtbar, der Ort **Monceaux-sur-Dordogne**. Hinter der Brücke treffen wir auf ***Felsbrocken im Flussbett*** und flotte Strömung in einer weiten Linkskurve.

km 156 Vom Fluss kaum wahrnehmbar, passieren wir rechts einen zwischen der Straße D 12 und dem Ufer gelegenen *Parkplatz* mit öffentlichem Zugang zum Ufer und *Kanueinsetzstelle*.

Eine Flussschleife weiter ist am linken Ufer der ruhig gelegene *Camping le Saulou* zu sehen. Ein guter Ausstieg für Kanus befindet sich gleich am Platzanfang hinter dem öffentlichen Badeufer, an dem man auch gut eine Pause einlegen kann. Der Platz zieht sich unter hohen Bäumen den Hang hinauf. Außerdem gibt es einen Pool, eine Kanuvermietung sowie in der Saison eine Snack-Bar und einen kleinen Laden.

km 158

Camping le Saulou****
+33 (0)555 28 12 33

Der Fluss verzweigt sich in drei Arme und umfließt zwei schmale Inselchen. Wir bleiben in der Mitte im Hauptstrom. Kurz darauf folgt am rechten Ufer beim Weiler **Port de Vaurs** die *Kanuvermietung Les Gabares de la Dordogne,* die an ihrer Basis eine einladende *Snack-Bar* errichtet hat. In der Saison entspannt man hier im Schatten mit Flussblick bei Kaffee oder kühlen Getränken, Crèpes, Waffeln oder Pizza.

km 160

Les Gabares de la Dordogne

Dann folgt rechts in **Vaurette** ein paradiesisches Kiesufer mit einladenden Wiesenplätzen im Schatten großer Bäume. Der gepflegte *Camping Le Vaurette* mit seinem beheizten Pool ist immer gut besucht und fest in der Hand niederländischer Urlauber. In der Saison gibt es einen Laden und eine Fahrradvermietung. Auch dies

km 161

Camping Le Vaurette****
+33 (0)555 28 09 67

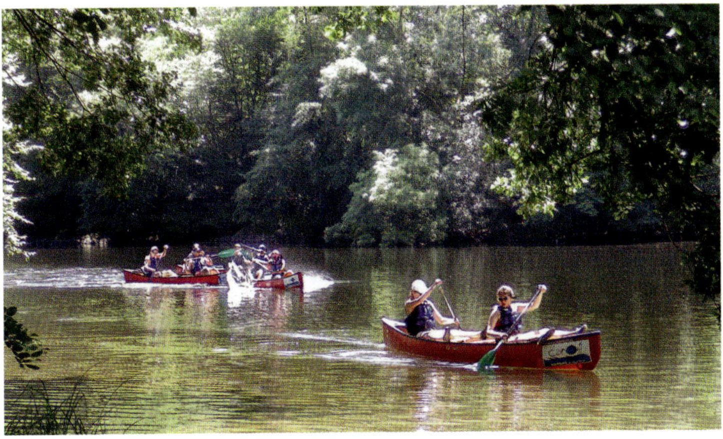

Die etwas andere Klassenfahrt: Eine Schülergruppe auf Dordognetour

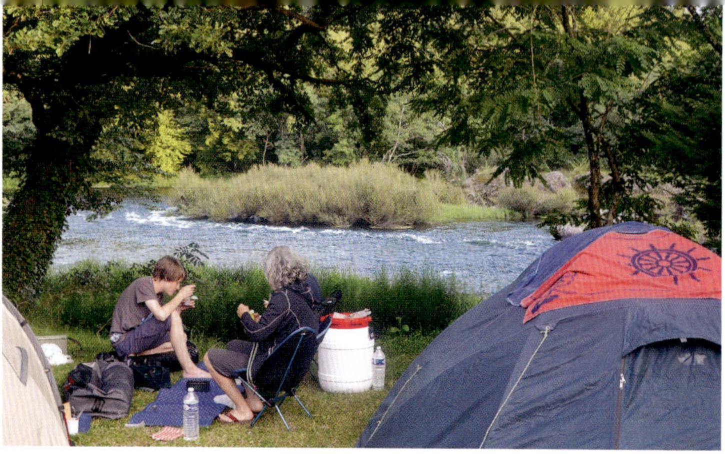

Frühstück mit Flussblick

ist eine gute Basis zum Fahrtbeginn, wenn Sie noch ein ruhiges Plätzchen ergattern können.

In den folgenden Kurven heißt es weiterhin dem Hauptstrom zu folgen und die flachen Kiesbänke am Ufer zu umschiffen. Auf flache Bereiche mit flotter Strömung folgen tiefe Becken, in denen man geruhsam den Fluss hinuntertreibt.

km 167,3

Camping Le Vieux Moulin
+33 (0)555 91 14 72

Den nächsten Camping rechts direkt am Ufer wird man nur in den Sommerferien wahrnehmen. Der einfache ***Wiesenplatz Le Vieux Moulin*** bietet dann zu günstigen Preisen ruhige Plätze und einfache Sanitäranlagen.

Das hübsche Dorf **Brivezac** mit seinen alten Steinhäusern hat weder Einkaufsmöglichkeit noch Gasthof.

km 168,4

Camping La Champagne
+33 (0)555 28 16 93
+33 (0)648 47 23 51

Kurz hinter der Brücke folgt links ein weiterer interessanter ***Campingplatz*** für Paddler. Auf dem gepflegten, neu angelegten Gelände von ***La Champagne*** gibt es gute Plätze zum Anlanden, Stellplätze im Schatten, eine Snack-Bar und ansonsten viel Natur.

Direkt hinter dem Platz teilt eine Insel den Fluss. Bei höherem Wasserstand zieht die Hauptströmung etwas nach rechts. ***Hier versperrt jedoch unter der Wasser-***
!! ***oberfläche ein Felsriegel die Durchfahrt, der nur bei***

Niedrigwasser zu sehen ist. Daher geradeaus halten: die Durchfahrt links der Insel ist flott aber problemlos.

Eine einladende Snack-Bar am Fluss und die *Kanuvermietung ADN* neben dem *Camping La Berge Ombragée* mit gepflegter Zeltwiese zwischen Fluss und Straße verführt zur nächsten Pause.

Kurz darauf teilt ein weiteres Inselchen den Fluss, dann folgt rechts eine *Kanu-Einsetzstelle* und eine Angelplattform zwischen der D 12 und dem Ufer.

km 170

ADN (Adventures Dordogne Nature)
+33 (0)555 91 49 77

Camping La Berge Ombragée
+33 (0)645 08 90 21

Das leise Rauschen des Flusses nimmt stetig zu während es auf die nächste Insel zugeht. Die Hauptströmung verläuft links und hier sorgt das zerfallene ***Naturwehr „Le Battut"*** für ***heftige Turbulenzen.***

Fährt man beherzt ins Strömungs-V und hält das Kanu gerade, kommt man, mit etwas „Wasseraufnahme", wohlbehalten durch die Wellen. Es ist aber ganz und gar nicht ehrenrührig „Le Battut" zu umgehen und das beladene Kanu durch den rechten Arm zu treideln. Von der Inselspitze ist die Schnelle gut einsehbar. Im Sommer sind auch hier die Helfer der Freiwilligen Feuerwehr stationiert.

km 173,2

2 Stromschnelle „Le Battut"
links in der Hauptströmung fahren oder im rechten Nebenarm treideln

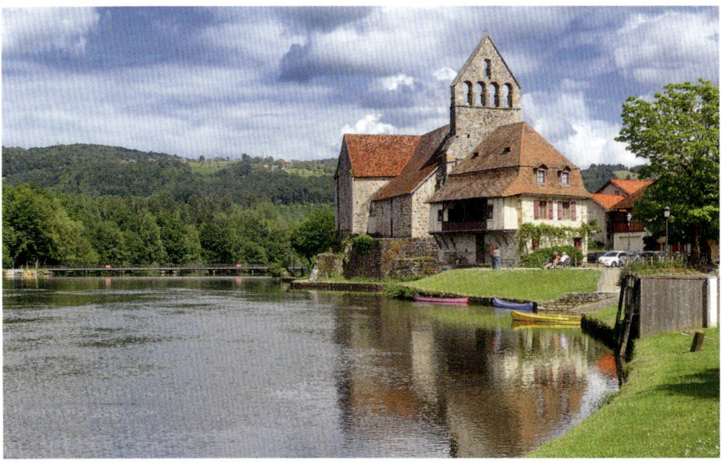

Der Kanuanleger von Beaulieu an der Chapelle des Pénitents ist mit bunten Booten markiert

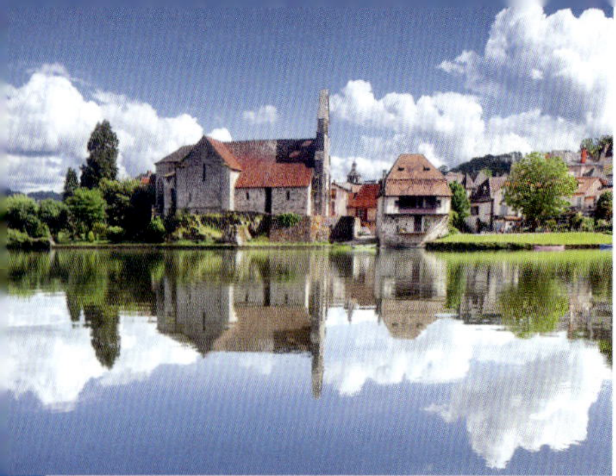

Vor uns tauchen die ersten Häuser von **Beaulieu-sur-Dordogne** auf. Seine schönste Seite zeigt **Beaulieu** *(= schöner Ort)*, wenn man dem Dorf im Kanu entgegentreibt und sich das Portal der mächtigen ***Büßerkapelle „Chapelle des Pénitents"*** im Wasser spiegelt. Hier ankert auch das allgegenwärtige Ausflugsboot – eine Gabare. Vom Kanuanleger an der Kapelle schlendert man entlang des schmalen Weges in die Altstadt.

Wehr Beaulieu 3

Der Fluss ist breit und träge, gestaut von einer ***unfahrbaren Wehranlage*** unter der Fußgängerbrücke, die neben dem Ortszentrum den Fluss überspannt.

Über einen Seitenkanal, der 400 m vor dem Wehr bei ***km 175*** *links abzweigt, muss das Wehr umfahren werden. Links am Ufer markiert ein rot-weißes Schild mit schwarzem Pfeil die Einfahrt über eine einfache Bootsrutsche.* ***Vorsicht, im flachen Wasser des Seitenarms liegen immer wieder Steine.***

km 175,4

Hôtel Les Flots bleus
+33 (0)555 91 06 21

Auberge de Jeunesse Beaulieu
+33 (0)555 91 13 82

Wer nur den Ort besichtigen oder im *Logis Hôtel les Flots Bleus* oder der *Jugendherberge* übernachten möchte, bleibt auf dem Fluss und legt rechts vor dem unfahrbaren Wehr an der Kapelle an und hebt die Kanus auf die Uferwiese.

Da hinter Beaulieu eine längere Flusspassage ohne Übernachtungsmöglichkeit folgt, empfiehlt es sich, die erste Etappe hier zu beenden. Dazu stehen neben Hotel und Jugendherberge zwei Campingplätze zur Wahl, die sich unterhalb des Wehres befinden.

Dazu fährt man im Seitenkanal *(siehe oben)* im Bogen um Beaulieu herum und trifft am unteren Ende wieder auf die Dordogne. Um zu dem auf der Insel liegenden *Camping Huttopia Beaulieu-sur-Dordogne* zu kommen, muss der Fluss hier in der Strömung gequert werden. Der Platz hat einen großen Pool, eine gemütliche Snackbar und sehr gepflegte Sanitäranlagen, ist

Camping Huttopia Beaulieu-sur-Dordogne****
+33 (0)555 91 02 65

aber vergleichsweise teuer. Von der Campingplatzinsel führt eine Brücke direkt in die Altstadt.

Im Juli und August kann es passieren, dass ohne Reservierung kein Platz auf dem Camping Huttopia für Kanuten frei ist, dann ist der einfache *Camping Municipal de Panama* in **Altillac** auf der linken Flussseite hinter der Brücke eine gute Alternative. Die Zelte stehen am Hochufer, die Anlegestelle für Kanus befindet sich am Platzende in einer kleinen Bucht. In die ***Altstadt*** von **Beaulieu** läuft man eine knappe Viertelstunde.

Camping Municipal de Panama
+33 (0)555 91 08 16

*Dort steht die alte **Abteikirche St. Pierre**. Das Kloster wurde im 9. Jh. gegründet, der Ort entstand in den folgenden Jahrhunderten um das Kloster herum. Die im 12. Jh. im romanischen Stil errichtete Klosterkirche ist vor allem für ihr üppig geschmücktes Südportal mit dem figurenreichen Tympanon berühmt. Die größeren Häuser in der Nähe der Stadtmauer stammen aus der Renaissance. Das Herrenhaus „Maison Renaissance" am Place de la Bridolle war einige Jahre ein Museum (heute Privatbesitz). Außer dem empfehlenswerten Restaurant des Les Flots Bleus am Flussufer finden sie in den engen Altstadtgassen noch eine gute Crèperie. Weitere Restaurants gibt es im moderneren Ortsteil um die Place du Champs de Mars.*

Office de Tourisme Vallée de la Dordogne
+33 (0)565 33 22 00

Markt – Mittwoch und 1.+3. Freitag im Monat von 8-12, Place du Champ de Mars

Producteurs de Pays (Bauernmarkt) – Jul+Aug Montagabend ab 17 Uhr am Flussufer

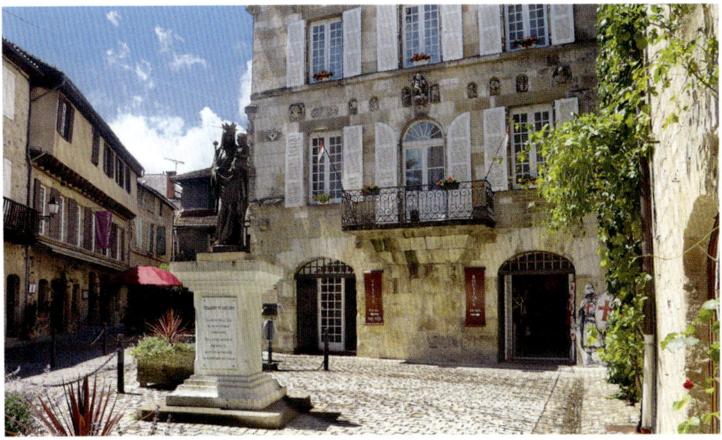

Das Maison Renaissance (früher Museum) in der Altstadt von Beaulieu

Etappe 2 – Von Beaulieu nach Souillac

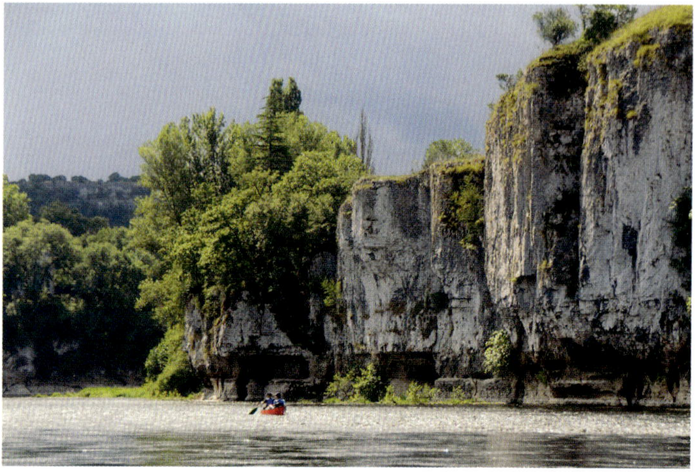

Das Vallée des Rocs ist der Höhepunkt der 2. Etappe

Einsetzstellen in Beaulieu:
Camping Huttopia oder ***Camping Municipal*** *(nur Sommersaison)* oder an der ***öffentlichen Bootseinsetzstelle*** südlich von Beaulieu rechts hinter der Brücke am Sport- und Wohnmobilstellplatz.

Aussetzstelle Souillac:
Am Kanuausstieg direkt rechts hinter der Straßenbrücke der N 820.

Länge und Dauer der Etappe:
57 km, 3 Tage.

2 Umtragestellen:
Wehr mit Bootsrutsche oder Umfahrung im Seitenarm in **Carennac.**

Kanuanleger von **Lacave,** bei ausreichend Wasser links fahren oder von hinten in die Mündung der Ouysse.

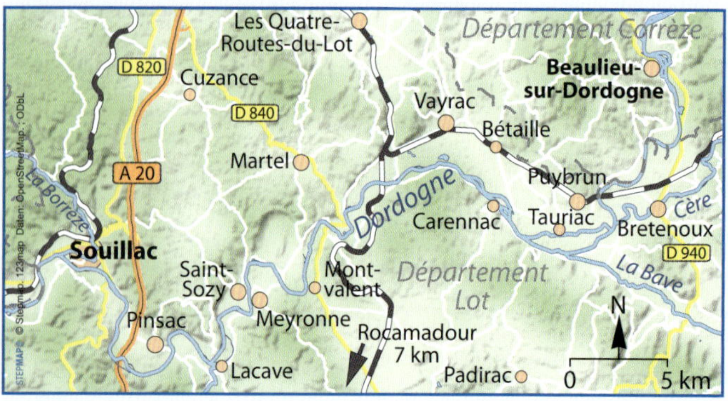

Hinter **Beaulieu** durchfließt die Dordogne Weideland, dessen Zäune oft bis ans Ufer reichen.

Kurz nach dem *Camping Municipal* teilt eine Insel den Fluss *(links in der Hauptströmung bleiben)* und sorgt noch einmal für einen ***flotten Kiesbankschwall***.

km 177

Am rechten Ufer begrenzt eine Steinmauer den Park des *Château d'Estresse* *(Besichtigung möglich)*, welches vom Fluss jedoch nur schlecht zu sehen ist.

km 177,5

Château d'Estresse
+33 (0)555 91 10 28

Ruhig fließend zieht die Dordogne dann weite Bögen durch Ufergehölz und Weideland. Bald taucht voraus am Horizont die mächtige ***Burg von Castelnau-Bretenoux*** auf, die wenige Kilometer vom Flussufer auf einem Hügel thront. Die Burganlage gehört zu den größten der Region und kann besichtigt werden *(siehe unten)*. Ein gutes Quartier für diesen Ausflug ist der bald folgende Camping Les Chalets sur la Dordogne.

Aber zuerst erreichen wir hinter einem Inselchen rechts den einfachen, preisgünstigen *Campingplatz Magali Plage* in **Liourdres**. Der Anleger befindet sich an einem Grashang unterhalb einer hübschen Bar. Die Stellplätze liegen ein Stück vom Fluss entfernt.

km 183,5

Camping Magali Plage**
+33 (0)555 28 11 39

Der Fluss macht eine Linkskurve und wir durchfahren dicht hintereinander eine Eisenbahn- und die Straßenbrücke der D 703. Zwischen den Brücken findet man links eine gute *Kanueinsetzstelle*.

km 184,5

Gut 300 Meter hinter der Brücke folgt auf der linken Seite an einem breiten Kiesufer der Badeplatz des *Camping Les Chalets sur la Dordogne* in **Girac**. Mit seinen schattigen Plätzen in Flussnähe ist er ein gutes Quartier. In der Saison gibt es hier auch Restaurant und Pool. Auf dem Platz kann man Fahrräder mieten, um z.B. das Cère-Tal zu erkunden.

km 184,8

Camping les Chalets sur la Dordogne***
+33 (0)565 10 93 33

Als Ziel einer *Fahrradtour* eignet sich ***Bretenoux*** oder auch die wenige Kilometer vom Fluss entfernte Festung ***Château de Castelnau-Bretenoux:*** *Die mittelalterliche Burganlage wurde im Hundertjährigen Krieg zur*

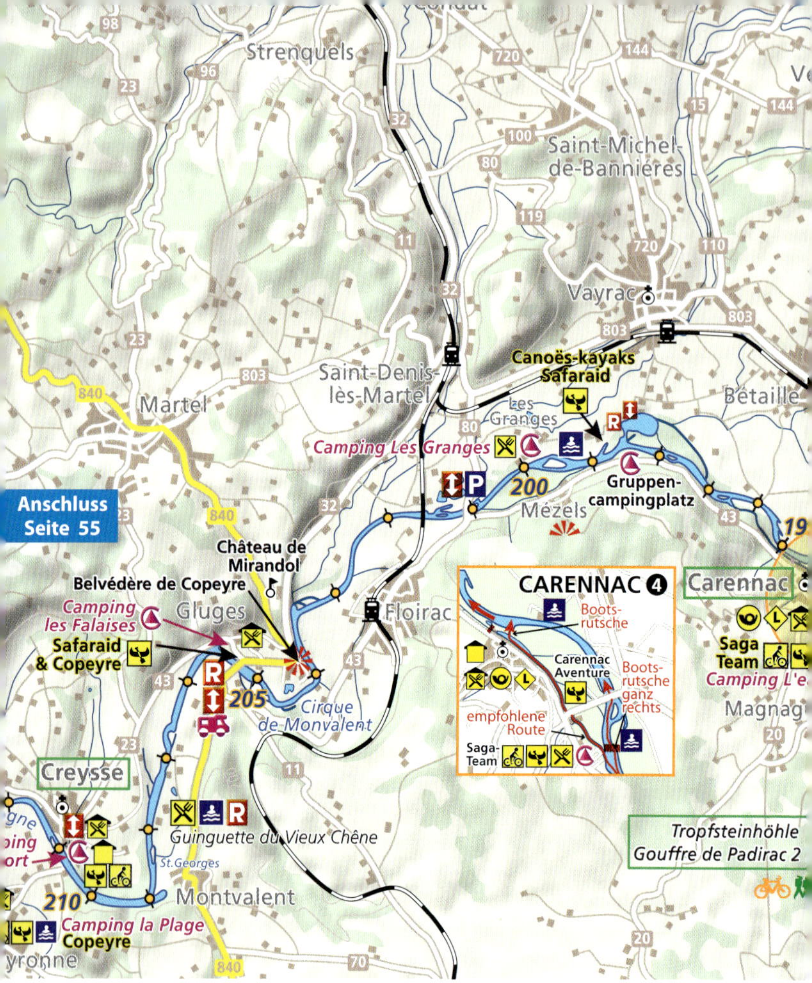

Château de Castelnau-Bretenoux
+33 (0)565 10 98 00

heutigen Größe ausgebaut. Hier konnte man eine Garnison von 1.500 Mann und etwa 100 Pferden unterbringen. Die roten Mauern mit drei mächtigen Ecktürmen ragen, erbaut auf einem Hügel, weit über das flache Umland. Der Blick von der Wehrmauer ist eindrucksvoll, die Innenräume sind mit Mobiliar aus dem 19. Jh. und wertvollen Wandteppichen bestückt.

Besucher können sieben Räume, die im mittelalterlichen Stil restauriert und eingerichtet wurden, besichtigen.

Anschluss Seite 37

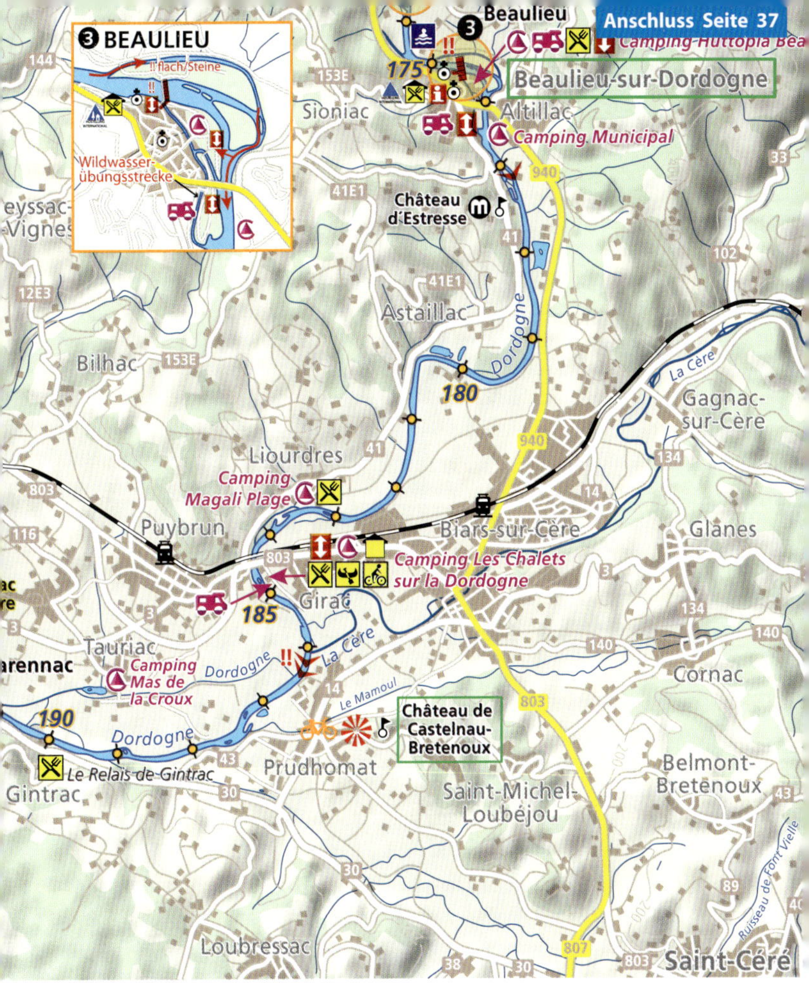

Links mündet das Flüsschen ***Cère*** in die Dordogne. Kurz darauf heißt es aufpassen, denn ***es quert eine Schwelle aus groben Steinen*** den Fluss, bei hohem Wasserstand fahrbar, bei Niedrigwasser gibt es auf der linken Seite einen Durchlass. Im weiteren Verlauf passieren wir mehrere kleine Inseln und harmlose Kiesbankschwälle.

km 186

!!

Hier kann man schöne, einsame Rastplätze am Ufer entdecken. Kurz darauf folgt links an einer breiten Kiesbank neben einem Inselchen eine Bachmündung.

km 190 Links über dem Fluss tauchen die Häuser von **Gintrac** auf. Im Ortszentrum verbirgt sich das nette, preisgünstige Restaurant *Le Relais de Gintrac* (*So Ruhetag*). Ein Weg führt von der Straße zum Flussufer, das Anlegen mit dem Kanu ist jedoch nicht ganz einfach.

Le Relais de Gintrac
+33 (0)565 38 49 41

km 192,7 Jetzt ist noch einmal besondere Aufmerksamkeit angesagt: Vor uns liegt das ***Naturwehr von Carennac.*** Rechts am Wehr gibt es eine Bootsrutsche, die aber nur wenig genutzt wird. Die Betonrutsche ist mit einem grünen Schild markiert – aber Vorsicht – die Fahrt hinunter endet an einem *Badeplatz*. ***Wir empfehlen die Umfahrung links durch den Seitenarm:***

Wehr 4
links in den Seitenarm einfahren oder Bootsrutsche rechts

Auf diesem erreicht man zuerst das Steinhaus einer ehemaligen Mühle, neben dem die Durchfahrt eng und sprudelig wird. Dann folgt rechts, direkt nach der Brücke, die ***Kanustation*** *von* ***Carennac Aventure*** *und nach etwa 1,5 Kilometer der Anleger unterhalb der Häuser von* **Carennac**.

Carennac Aventure
+33 (0)630 87 66 65

Wer den mittelalterlichen Ort **Carennac**, eines der ausgezeichneten ***„Plus Beaux Villages de France"***

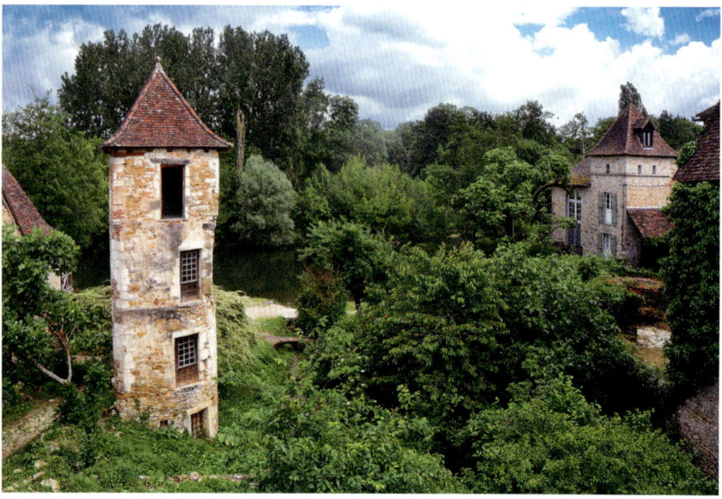

Dem Märchenbuch entsprungen? »Rapunzelturm« am Ortsrand von Carennac.

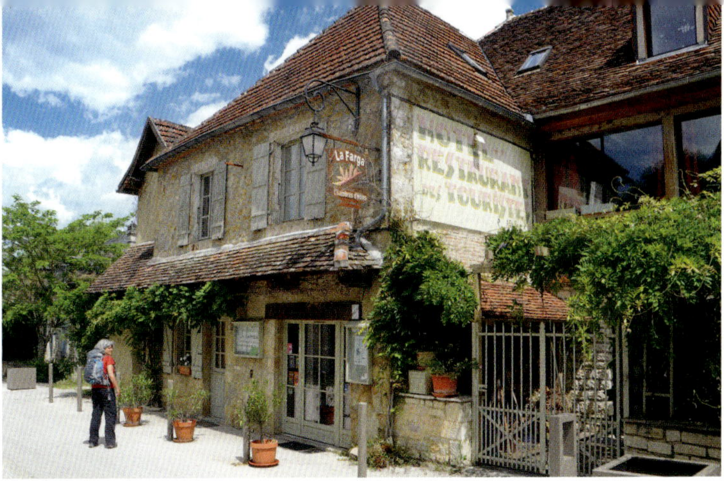

Im Chambre d'hôtes La Farga sind Wanderer und Kanuten besonders willkommen

besuchen möchte, muss sich sowieso am Wehr links halten und am Holzhäuschen der ***Kanuvermietung*** vor dem Campingplatz in den schmalen Flussarm paddeln. Wählt man den einfachen ***Camping L'Eau Vive*** als Quartier, marschiert man von hier etwa 15 Minuten ins malerische und gepflegte Dorf.

Camping l'Eau Vive****
+33 (0)565 10 97 39

Saga Team
+33 (0)555 28 84 84

km 194

Sowohl Besichtigung, Einkehr im Restaurant oder Übernachtung in einer der romantischen Unterkünfte im Dorf sind sehr lohnend. Wer in Carennac bleiben möchte, sichert die Kanus unten am Fluss und folgt dem steilen Weg hinauf in den Ort. *Kleine Türmchen, Reste einer Wehrmauer, schmale Gassen mit Wohnhäusern aus dem 15.-16. Jh. und seine Lage direkt am Fluss, verleihen Carennac seinen ganz besonderen Charme. Ursprung des Dorfes ist die alte Abtei mit der Kirche St. Pierre aus dem 11. Jh., deren Säulenportal mit der Reliefdarstellung von Christus mit seinen Aposteln bemerkenswert ist.*

Besonders nett übernachtet man im ***Chambre d'hôtes La Farga***, wo Wanderer, Radfahrer und Kanuten willkommen sind und auf Wunsch abends für Hausgäste ein gutes Essen serviert wird. Nebenan im ***Le Fénelon*** ist die Atmosphäre nicht ganz so persönlich, dafür kann man am hauseigenen Pool entspannen.

Chambre d'hôtes La Farga
+33 (0)565 33 18 97

Hotel Restaurant Le Fénelon
+33 (0)565 10 96 46

Gouffre de Padirac

Tropfsteinhöhle Gouffre de Padirac
geöffnet 9.30-18
Hochsaison 8-20.30
Öffnungszeiten können variieren
+33 (0)565 33 64 56

Vom Dorf lohnt ein ***Ausflug*** nach Süden zur neun Kilometer entfernten ***Tropfsteinhöhle Gouffre de Padirac***. Entweder zu Fuß über den GR652 in gut drei Stunden (einfacher Weg) oder mit dem Rad *(Fahrradvermietung bei Saga Team auf dem Camping l'Eau Vive oder bei Copeyre Canoe an der Brücke vor Carennac)*.

Der französische Höhlenforscher Edouard Alfred Martel entdeckte im Juli 1889 eine Grotte, die ihn zu einem unterirdischen Fluss führte. Der 75 Meter tiefe Höhlenschlund (Gouffre) ist heute mit einer Metalltreppe und einer Aufzuganlage erschlossen und von den über 40 Kilometer des bisher erforschten Höhlensystems kann man den spektakulärsten Abschnitt besichtigen. Zuerst geht es über 100 Meter unter die Erde und dann in einem Kahn auf dem unterirdischen Fluss in eine Tropfsteinhöhle von gewaltigen Ausmaßen und großer Schönheit. Warm anziehen: Temperatur in der Höhle 13°C!

Bootsrutsche

Zur Fortsetzung der Kanutour geht es vom Anleger von **Carennac** über eine steile ***Bootsrutsche*** zurück zur Dordogne.

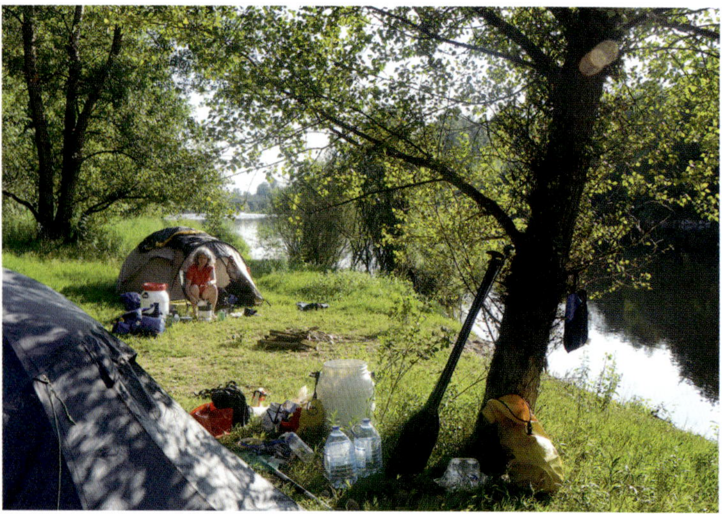

Biwakplatz am Flussufer

Wer unten auf dem Fluss geblieben ist, treibt bald am *Familienschwimmbad Parc aquatique La Saule* vorbei. Wenige Meter weiter kommt von links die Bootsrutsche von Carennac herunter.

In der nächsten Kurve sehen wir hinter einigen Inselchen linkerhand Gruppenzelte der Base Plein Air de Mézels, die nur vorangemeldete Gruppen aufnimmt. **km 198,5**

Direkt gegenüber, rechtsufrig des Flusses, liegt hinter einer ausgedehnten Bucht ein aufgestauter See mit *Kanurastplatz* am westlichen Ufer, der zum Freizeitgelände von **Vayrac** gehört und von der Landseite auch mit dem Pkw erreichbar ist. **km 198,6**

In der nächsten Bucht finden wir die Zufahrt zum Hauptsitz des *Kanuvermieters Safaraid* in **Vayrac.** Dahinter beginnt das lange *Badeufer Les Granges de Mézels* mit markiertem Kanuanleger. **km 198,9**

Canoës-kayaks Safaraid
+33 (0)565 37 44 87

Auf der gegenüberliegenden Flussseite drängen sich die Häuser von **Mézels** am Fuß einer Felswand.

Auf der rechten Uferseite tauchen hinter einer Insel die ersten Zelte des *Camping Les Granges* auf dem Hochufer auf. Der Platz verfügt über Restaurant, Pool und kleinen Laden. Anlegen kann man nur an der Kanustation am Platzende. Auch wenn eine Leiter und Kanurollen das Aussetzen am steilen Hang erleichtern, ist es mit beladenem Kanadier doch recht mühsam. Der 6 Kilometer entfernte Camping in Gluges ist für Kanuten deutlich besser geeignet. **km 200**

Camping Les Granges***
+33 (0)565 32 46 58

Vor uns überspannt eine alte, schmale Hängebrücke die Dordogne. Rechts vor der Brücke gibt es eine gute *Einsetzstelle* mit großem *Parkplatz* an einer Kiesbank. *Kurz danach folgt eine sehr alte Eisenbahnbrücke, die Gustave Eiffel, dem Erbauer des Eifelturmes zugeschrieben wird.* **km 201**

Hinter Les Granges nähern wir uns der ersten mächtigen Felswand. Hoch über dem Fluss kann man ein kleines Schloss – das ***Château de Mirandol*** erblicken. **km 203,5**

Es bewacht die Einfahrt in den landschaftlich aufregendsten Abschnitt der Tour: ***das Vallée des Rocs.***

Zwischen Mézels und Souillac windet sich die Dordogne zwischen steil aufragenden Felswänden, die den Fluss zu stetigen Richtungsänderungen zwingen und dem Kanuten eine grandiose Kulisse bieten. Das strömende Wasser hat einige Felswände ausgehöhlt, !! so dass ***bei hohem Wasserstand gefährliche Unterspülungen*** entstehen können. In diesem Fall unbedingt Abstand halten! Bei sommerlichem Niedrigwasser laden in den Innenkurven breite Kiesbänke zum Baden und Picknicken ein.

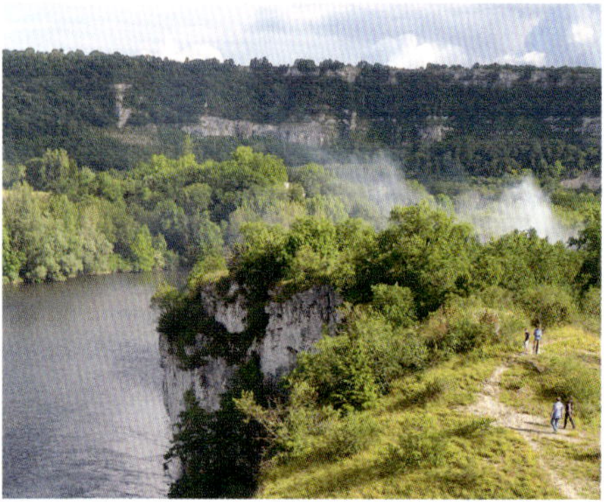

Aussichtspunkt „Belvédère de Copeyre"

Im großen Bogen fließt die Dordogne jetzt in den grandiosen ***„Cirque de Montvalent"***, eine enge Flussschleife zwischen den Felswänden der beiden Hochebenen „Causse de Martel" und „Causse de Gramat". Hoch über uns befindet sich links neben dem ***Château Mirandol*** der ***Aussichtspunkt „Belvédère de Copeyre".***

km 205,5

Canoës Safaraid
+33 (0)565 37 44 87
Copeyre
+33 (0)565 32 72 61

Camping les Falaises***
+33 (0)565 37 37 78

Hotel Les Falaises
+33 (0)565 27 18 44

Am Ende der Flussschleife führt eine grüne Metallbrücke übers Wasser. Rechts schmiegen sich die Steinhäuser des winzigen Dorfes **Gluges** an die Felswände. Hinter der Brücke und den *Kanu-Vermietstationen von Safaraid* und *Copeyre* am rechten Ufer versteckt sich unter hohen Bäumen der sympathische *Campingplatz Les Falaises* mit Kiesufer und Badestelle.

Folgt man von der Kanuvermietung der Straße in den Ort, steht man vor dem *Hotel Les Falaises* mit einladendem Garten, Restaurant und netten Zimmern in eindrucksvoller Lage am Fuß der Felswand. Zur Übernachtung gibt man sein Kanu an der Vermietstation von Copeyre oder Safaraid in Obhut oder transportiert es per Bootswagen zum Hotel.

Am gegenüberliegenden Flussufer gibt es eine gute *Einsetzstelle* mit weitläufigem Picknickplatz, Badeufer und einigen Stellplätzen für Wohnmobile.

Hinter Gluges schwenkt der Fluss vor einer massigen Felswand nach links. Dann weichen die schroffen Felsen vom Ufer zurück, das Flussbett dehnt sich aus und die Dordogne fließt behäbig zwischen dicht bewachsenen Ufern.

km 207,7

Restaurant La Guinguette du Vieux Chêne
+33 (0)565 37 40 15

An einem großen, beinahe seeartigen Becken lockt am linken Ufer das *Terrassen-Restaurant Guinguette du Vieux Chêne* mit gehobener Küche und vollwertigen Menüs. Wer lieber picknicken möchte, kann dies am schönen *Badeufer* tun. In der Nähe des ***Mas du Vieux Chêne*** tritt der unterirdische Flusslauf, der durch die Höhle „Gouffre de Padirac" fließt, als *Karstquelle St. Georges* wieder ans Tageslicht.

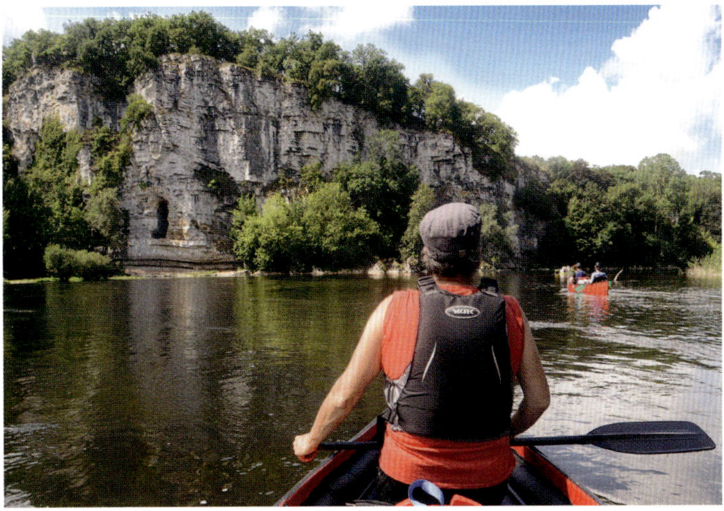

Im Cirque de Montvalent

km 209 Wir paddeln durch eine ruhige Flussaue mit kleinen Inseln. Dann schickt der nächste Felsen die Dordogne in eine Rechtskurve. Hoch oben sieht man die Häuser von **Montvalent**.

km 211

Auberge de l'Ile
(350 m)
+33 (0)565 32 22 01

Camping du Port***
+33 (0)565 32 20 82

Im flachen Innenbogen liegt das schöne, alte Dorf **Creysse** mit sehenswerter ***Kirche***, gutem *Hotel-Restaurant de l'Ile* und dem empfehlenswerten *Camping du Port*. Der *öffentliche Anleger* befindet sich gleich hinter dem Camping, dessen Stellplätze am rechten Ufer kaum zu übersehen sind. In der Nebensaison könnten Sie auf dem Camping auch ein Häuschen mieten – im Juni und September sogar für nur eine Nacht.

Compagnie Sports Nature
+33 (0)565 32 27 59

Creysse ist ideale Basis für einen paddelfreien Tag und Ausflüge in die Umgebung. Am Camping werden Trekkingräder vermietet, mit Voranmeldung ist auch ein ***Transfer per Kleinbus*** ins Pilgerdorf **Rocamadour** möglich. Abenteuerlustige gehen mit der zum Platz gehörenden *Compagnie Sports Nature* auf ***Höhlentour,*** zum ***Canyoning*** oder zu ***Kletterausflügen***.

Und wer einfach nur relaxen will, kann das im Hochsommer an der gemütlichen Bar oder an der schönen Poolanlage tun.

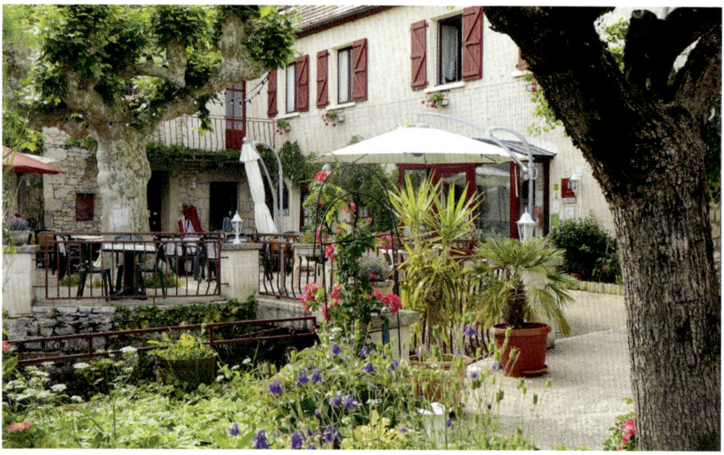

Die einladende Terrasse des Hotels „Logis Auberge de l'Ile" in Creysse

Wanderung nach Rocamadour

Wer gerne wandert, sollte einen Teil des Weges nach Rocamadour zu Fuß in Angriff nehmen und sich auf dem Hinweg nur bis **Lacave** *chauffieren lassen. Dort folgen Sie dem gut markierten GR 6, der an den Flüssen l'Ouysse und l'Alzou entlangführt, und erreichen das Dorf* **Rocamadour** *(Beschreibung Seite 56) nach gut 12 Kilometern. Die Rückfahrt organisieren Sie besser per Minibus – ansonsten wird aus dem Ausflug ein sehr langer Wandertag.*

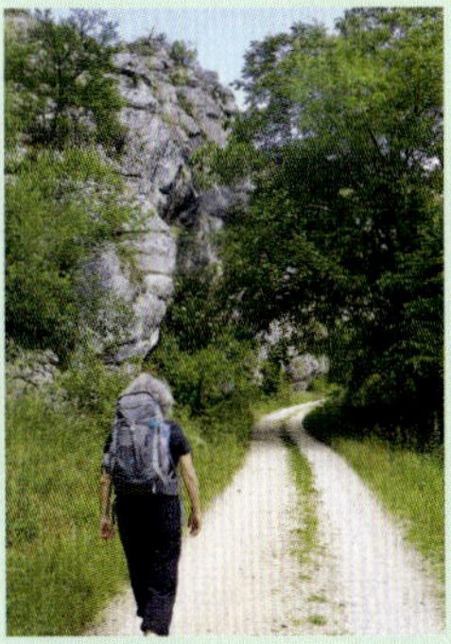

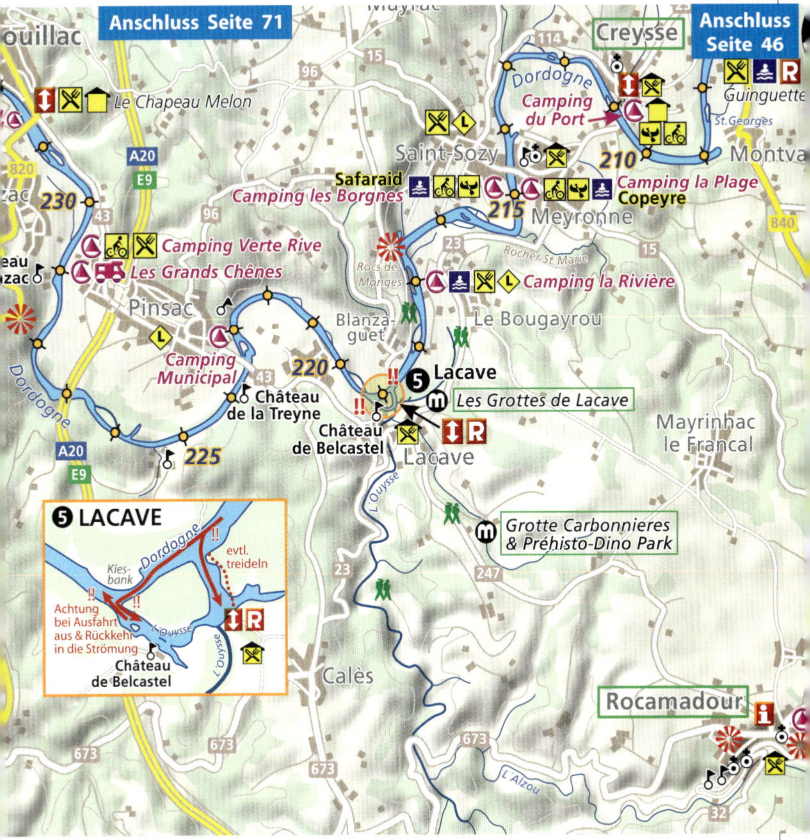

Rocamadour

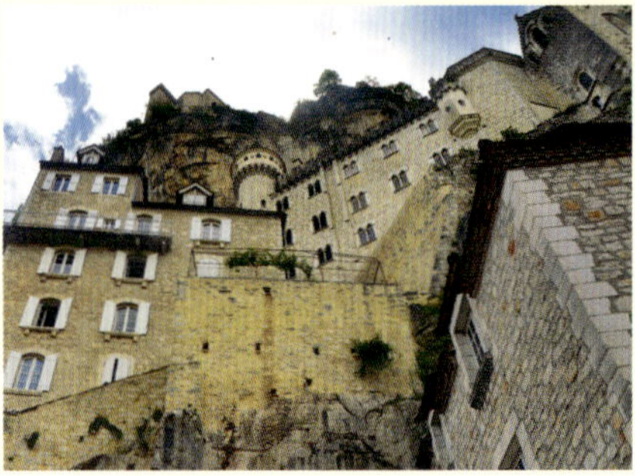

Das Pilgerdorf Rocamadour ist in eine 100 Meter hohe Felswand gebaut

Der Legende nach fand man im Jahre 1166 unter der Schwelle der Marienkapelle einen unversehrten Leichnam. Das Grab war eindeutig sehr alt und der Tote hatte als Eremit im Alzoutal gelebt. Man munkelte, er sei aus Ägypten gekommen oder es handle sich gar um den Zöllner Zachäus aus der Bibelgeschichte. Die Marienfigur, die schwarze Madonna in der Kapelle, soll er aus einem einzigen Baumstamm geschnitzt haben. Seit der Aufbahrung der konservierten Leiche, geschahen Wunder in Rocamadour …

Die Wallfahrt zur Schwarzen Madonna war im Mittelalter eine gängige, von weltlichen Gerichten verhängte Buße, wobei die Pilger, die im Mittelalter über die Grand Escalier zur Kapelle hinaufstiegen, auf jeder der unzähligen Stufen auf die Knie fielen. Jenseits der Legende ist Rocamadour ein Ort mit starker Ausstrahlung, die nicht einmal die lange Reihe der Souvenirgeschäfte in den windschiefen Häusern am Fuß des mächtigen Felsens zerstören können.

An einem der französischen Jakobswege gelegen, kommen neben Touristen noch zahlreiche Pilger wie auch wir vom Wanderweg GR 6 aus dem Tal des Alzou herauf. Enge Gassen winden sich zwischen den Steinhäusern bergan zur eindrucksvollen Steintreppe Grand Escalier, die durch die Porte du Fort in den heiligen Bezirk von Rocamadour führt. Rund um die aus dem Fels ragende Basilika St. Sauveur verteilen sich auf dem Plateau sechs weitere Kapellen, von denen die Chapelle Notre Dame, die die wundertätige uralte Figur der Schwarzen Madonna beherbergt, die berühmteste ist. In der ehemaligen Residenz der Bischöfe vermittelt das Museum für sakrale Kunst Wissenswertes zur Geschichte von Rocamadour und der Tradition der Pilgerfahrten. Ein Kreuzweg führt von der heiligen Stadt hinauf zur Burg aus dem 14. Jh., die den Zugang zum Heiligtum von oben schützte. Dort gelangt man zum Rocher des Aigles (Adlerfelsen), wo Sie Raubvögel im freien Flug bestaunen können.

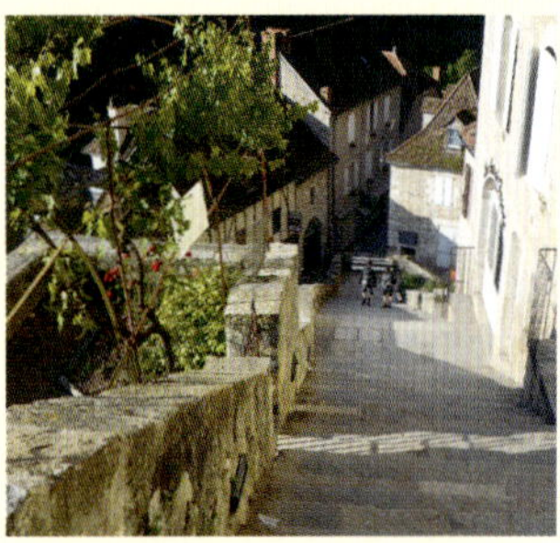

216 Stufen verbinden das Dorf mit dem Kloster

Hinter Creysse reichen Felder und Wald bis ans Ufer. Die Dordogne fließt durch eine weite Linkskurve, bis wir nach 5 Kilometern die ersten Häuser und die Straßenbrücke **Saint Sozy – Meyronne** sichten.

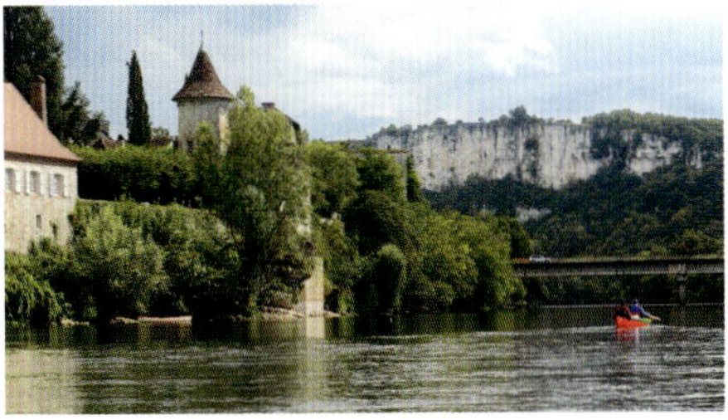

km 214,5

Das Dorf **Meyronne** auf der linken Flussseite gruppiert sich um ein attraktives ***Schlösschen*** – einst Sommerresidenz der Bischöfe von Tulle, heute stilvoll-rustikales *3-Sternehotel „La Terrasse"* mit großzügigen Zimmern. Das Restaurant, dessen Tische auf einer Terrasse hoch über der Dordogne stehen, gehört mit zu den besten der Region (3-gängiges Mittagsmenü ab ca. 23 €). Bei Übernachtung *(gehobener Preis)* in einem der individuell möblierten Zimmer in historischen Mauern bitten Sie an der *Kanu-Vermietstation* von *Copeyre*, links hinter der Brücke, um die Beherbergung der Kanus.

Hotel Restaurant La Terrasse***
+33 (0)974 56 65 30

Vis-à-vis zu Meyronne liegt der Ort **Saint-Sozy.** Das Ortszentrum mit *Restaurants, Metzgerei* und gut sortiertem *Spar* mit regionaler Käseauswahl und frischen Backwaren befindet sich einen knappen Kilometer von der Brücke entfernt.

(800 m)

Etwas näher am Fluss, gibt es rechts der Straße einen *Verkauf regionaler Spezialitäten*. Wer bisher noch keine *Rillettes de Canard (Entenfleisch eingelegt im eigenen Fett)* oder die besondere regionale Spezialität *Foie Gras (Stopfleber von Ente oder Gans)* gekostet hat – hier können Sie Ihren Proviant mit gut transportierbaren Fleischkonserven ergänzen.

Die beiden *Campingplätze* (jeweils mit *Kanustation*), die schöne Wiesenplätze unter Bäumen im Uferbereich, einen *Pool* und eine *Fahrradvermietung* bieten, liegen sich hinter der Brücke gegenüber. Der linke Platz *Camping la Plage* in **Meyronne** ist etwas komfortabler und minimal teurer.

Camping la Plage***
+33 (0)565 32 23 26

Copeyre
+33 (0)565 32 72 61

Camping les Borgnes**
+33 (0)235 21 69 63

Canoës-kayaks Safaraid
+33 (0)565 37 44 87

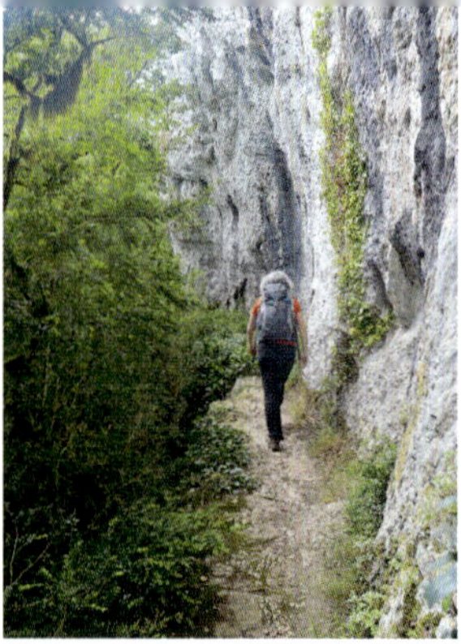

Hinter Meyronne zwingt der beeindruckend hohe Felsen ***Rocher Ste. Marie*** die Dordogne in eine Rechtskurve. Vorbei an einer Insel und Kiesbänken steuert der Fluss dann auf eine Linkskurve und die fast ebenso gewaltigen ***Rocs de Monges*** zu. Am höchsten Punkt markiert ein Sendemast einen ***Aussichtspunkt***. Wer Lust auf eine kleine Wanderung hat, kann hinaufsteigen.

km 216,5 Legt man vor der Felswand rechts an, trifft man auf einen Wiesenplatz mit drei Tümpeln und Picknicktisch. Hier beginnt ein schmaler Fußpfad, der zwischen Fluss und Felsen auf das Hochplateau führt:

Wanderung über Blanzaguet zum Belvédère Roc de Monges

Auf halbem Weg des engen, steinigen Pfades verbirgt sich in der Felswand ein Abri (Felsüberhang) und der Zugang zu zwei Höhlen, die tief in den Berg führen. Man kann sie ein Stück mit der Taschenlampe erkunden.

Dann führt der Pfad zum Dorf **Blanzaguet**. *Der Weg von hier zum Belvédère ist gelb markiert. Hinter dem Aussichtspunkt klettern wir über einen steilen Pfad wieder hinab. Er endet zwischen St. Sozy und der Dordogne. Folgt man dem Fahrweg nach rechts, kommt man nach insgesamt knapp 2 Stunden Gehzeit zurück zum Anlegeplatz.*

Für die Tour braucht man Schuhe mit gutem Profil; die Wege sind teils sehr steil.

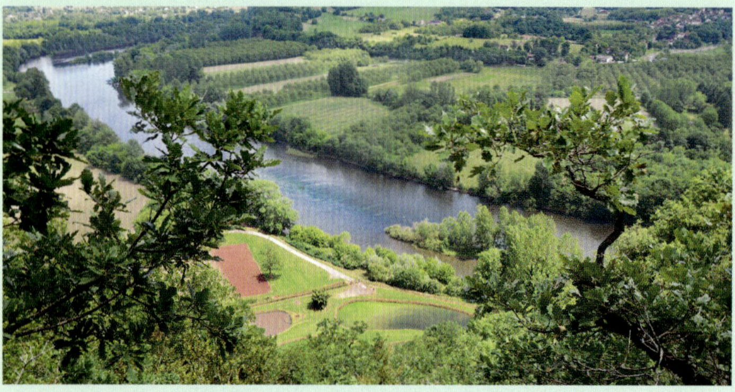

Dordogneblick vom Belvédère Roc de Monges

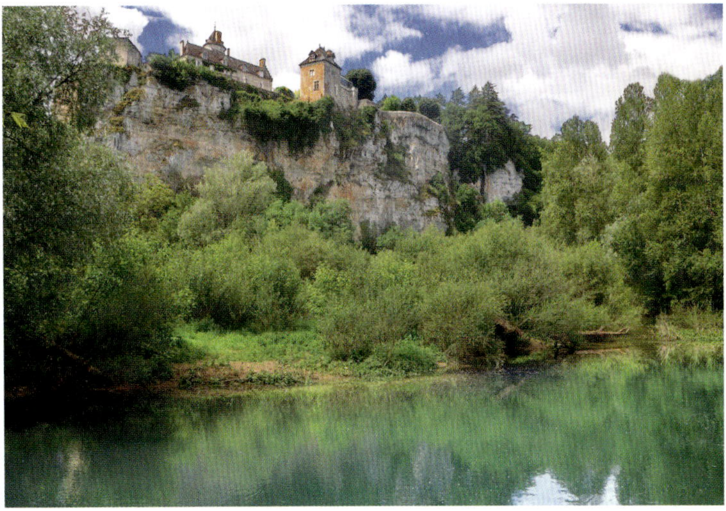

Château de Belcastel an der Mündung der l'Ouysse in die Dordogne

Auf der rechten Seite begleitet den Fluss jetzt eine beeindruckende Szenerie: die Felswände stürzen beinahe senkrecht ins Wasser. Auf der gegenüberliegenden Seite befinden sich auf dem Hochufer die Stellplätze des komfortablen und abseits gelegenen *Camping la Rivière* mit Anlegestelle am Platzende. **km 217**

Camping la Rivière***
+33 (0)565 37 02 04

Die ***Grotte de Lacave*** *(Kalksteinhöhlensystem aus der Jurazeit, siehe nächste Seite)* ist nur 3 Kilometer vom Platz entfernt und von hier aus leicht zu erreichen.

Grottes de Lacave
+33 (0)565 37 87 03

Schon in der nächsten Kurve wartet ein weiterer Höhepunkt des ***Vallée des Rocs***. Auf einem Felsen an der Mündung der ***Ouysse*** in die Dordogne, bietet das ***Château de Belcastel*** *(Privatbesitz)* eine malerische Kulisse. **km 219**

Vorsicht! Fahren Sie vor allem bei hohem Wasserstand in der Innenkurve und halten Sie genug Abstand zum Felsen ***(Prallwand)***. Hier sorgen ***Felsbrocken im Wasser*** für hohe Wellen. Um das Schloss in Ruhe zu bewundern, können Sie auch an der breiten Kiesbank in der Kurve anlegen. **!!**

Grottes de Lacave

Grottes de Lacave
tägl. 9.30-12 und 14-17.30, Jul bis 18
+33 (0)565 37 87 03

Hotel Brasserie de Lacave**
+33 (0)565 37 87 06

Einen Besuch wert ist die *Tropfsteinhöhle* von **Lacave,** *Grotte de Lacave,* die sich links der ***Ouysse-Mündung*** in den Fels bohrt. Man erreicht sie prima zu Fuß vom *Kanurastplatz* auf der Landspitze an der Flussmündung. Etwa 100 Meter läuft man zu einer Pizzeria, noch einmal 100 Meter weiter trifft man auf den Eingang zur *Höhle* und auf das *Hotel de Lacave*.

Eine kleine, elektrische Grubenbahn bringt die Gäste in das Höhlensystem, wo sie auf einem 1,6 Kilometer langen Rundweg durch eine Zauberwelt von riesigen Tropfsteinen und unterirdischen Wasserflächen geführt werden.

Grotte des Carbonnières & Préhisto-Dino Park
tägl. 10-19/20
+33 (0)565 32 28 28

Nur 2,6 Kilometer weiter Richtung Süden sind es zu der ebenfalls sehenswerten *Tropfsteinhöhle Grottes des Carbonnières* und dem *Dino-Park* an der D 247.

Kanuanleger Lacave 5
bei ausreichend Wasser links fahren, tragen od. treideln.
Alternativ: vorbeipaddeln und von unten in die Mündung der Ouysse.
Vorsicht bei der Einfahrt ins Kehrwasser !!

Der *Kanuanleger* und *Rastplatz* von **Lacave** *ist nicht ganz einfach und nur bei ausreichendem Wasserstand zu erreichen.* Entweder man fährt, sobald ***Château Belcastel*** zu sehen ist, ganz links an der ersten Insel vorbei. Allerdings ist diese Durchfahrt im Hochsommer extrem flach und schlecht erkennbar. Meist muss man das erste Stück treideln oder tragen, dann wird es wieder tiefer. Alternativ fährt man unterhalb der Insel aus der flotten Strömung der Dordogne heraus links in die Einmündung der beinahe stehenden ***Ouysse***. Hier bedarf es der sicheren Fahrtechnik beim Einfahren ins Kehrwasser. Dann folgt man dem flachen Bach gute 100 Meter.

!! Bei der anschließenden Rückkehr in die Strömung der Dordogne heißt es dann kräftig paddeln, damit man nicht links an die Felsen gezogen / gedrückt wird.

km 220 Kurz vor einem am Hang liegenden Haus öffnet sich in der Felswand eine *Höhle*. Man kann ein kurzes Stück in den finsteren Gang (Taschenlampe) paddeln.

km 223,5 Die Felsen wechseln von der linken auf die rechte Uferseite. Der Felsabbruch des ***Plateaus von Martel*** begleitet uns bis **Pinsac**, wo rechts vor der Straßenbrücke der

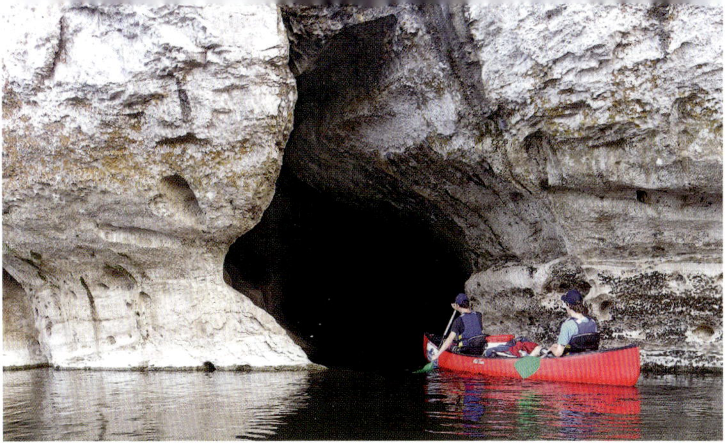

Abenteuerlicher Exkurs: die Bachmündung in der Höhle ist auf einigen Metern mit dem Kanu befahrbar.

D 43 der *Camping Municipal* mit großer Paddlerwiese und einfachen Sanitäranlagen gutes Quartier bietet. Der junge Betreiber sorgt für nette Stimmung und bringt morgens auf Wunsch auch Baguette und Croissants mit zum Platz. Wer den 10-minütigen Fußmarsch ins Dorf nicht scheut, findet in der örtlichen *Alimentation* eine gute Auswahl an Käse und Wurst der Region und die üblichen Grundnahrungsmittel.

Camping Municipal Beauregard**
im Sommer ab Mitte Juni
+33 (0)565 37 06 02

Links hinter der Brücke wächst ein weiteres Märchenschloss aus den Felsen – das ***Château de la Treyne***, *erbaut zwischen dem 14. und 17. Jh., heute Luxushotel*.

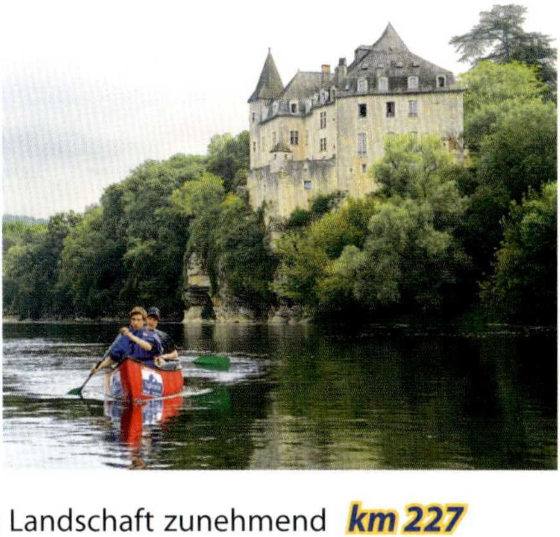

Die Flusslandschaft wird nun weiter, bis die Dordogne bei Souillac ihre Schleifen durch weitgehend flaches Land zieht.

km 227

In Autobahnnähe wirkt die Landschaft zunehmend karg, dann treiben wir schon unter der Brücke der A20 hindurch. Die breite Kiesbank und die Inseln im Fluss

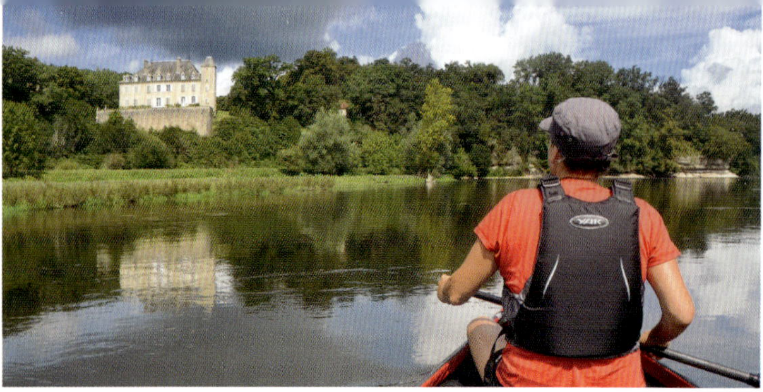

Das Château de Lanzac ist in Privatbesitz und kann nicht besichtigt werden

wären an anderer Stelle idyllisch, doch hier paddeln wir zügig weiter, bis links ein weiteres Schloss in den Blick rückt – das ***Château de Lanzac*** *(15. Jh./Privat)*.

km 228,9

km 229

Camping Les Grands Chênes
+33 (0)661 05 67 58

Camping Verte Rive****
+33 (0)565 37 85 96

Rechts am Ufer taucht zuerst die Wiese des ***Camping und WoMo-Stellplatzes Aire naturelle Les Grands Chênes*** auf. Oben am Hang gibt es einfache Sanitäranlagen. Kurz darauf folgt der Badeplatz des benachbarten komfortablen ***Camping Verte Rive***, mit *Snack-Bar, Pool, Fahrradvermietung* und *Sportplätzen* ist der Platz gut ausgestattet. Beide Plätze sind das richtige Quartier für alle, die einen ruhigen Zeltplatz in der Natur dem Abend in der quirligen Stadt Souillac vorziehen.

km 231,4

Pizzeria Le Chapeau Melon
+33 (0)565 32 22 11

Camping Municipal du Pont de Lanzac**
+33 (0)565 37 02 58

Camping Municipal Les Ondines***
+33 (0)565 37 86 44

Copeyre
+33 (0)565 32 72 61

Schon bald taucht die Brücke von **Souillac** vor uns auf. Am ersten ***Kanuanleger*** rechts hinter der Brücke finden Sie die ***Pizzeria Le Chapeau Melon*** *(vermieten auch Apartments)*. Von hier aus läuft man etwa 1 Kilometer zum Einkauf in die Stadt. Im Hochsommer liegt gegenüber, links hinter der Brücke, die ***Campingwiese Municipal*** von **Lanzac** direkt an der Straße.

Länger im Jahr geöffnet ist der stadtnahe ***Camping Municipal Les Ondines*** am rechten Ufer neben dem Schwimmbad Quercyland, das Sie an seinen großen Rutschen erkennen. Eine Betonrampe markiert diesen zweiten ***Anleger***, zum Camping überqueren Sie die wenig befahrene Straße. In die Stadt sind es von hier aus etwa 700 Meter Fußweg.

Blick auf Souillac

Souillac ist die einzige richtige Stadt auf der Dordognetour – auch wenn diese mit weniger als 4.000 Einwohnern recht überschaubar ist. Schon zur Zeit der Gabariers war Souillac ein Zentrum des Handels und des Handwerks.

Heute gibt es hier den einzigen Autobahnanschluss des Tals, eine Bahnverbindung nach Paris und eine Ansammlung kleiner Geschäfte. Freitagvormittag bringen die farbenfrohen Stände des Wochenmarktes Leben in die Gassen um die 1830 errichtete Markthalle.

Auch die byzantinisch inspirierte ehemalige Abteikirche Sainte Marie (12. Jh.) im alten Stadtzentrum lohnt den Besuch. Trotzdem ist Souillac eher ein Verkehrsknotenpunkt und ein Zentrum des modernen Lebens als eine touristische Attraktion. Dafür kann man hier zu moderaten Preisen gut essen gehen und die Provianttonne mit den Spezialitäten des Périgords füllen.

Wer einen Regentag überbrücken muss, lässt sich von den alten Blechspielsachen im Musée de l'Automate bezaubern, Familien könnten einen spaßigen Nachmittag auf den Wasserrutschen im Quercyland oder im zugehörigen Hochseilgarten einschieben.

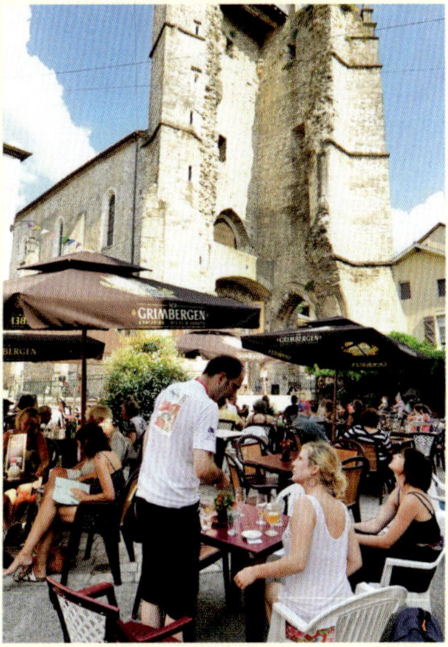

Café an der Église Saint-Martin in Souillac

Musée de l'Automate (Automatenmuseum), *Spielzeug des 18. Jh. bis heute.* Place de l'Abbaye, Tel. +33 (0)565 37 07 07, Jul+Aug tgl. 10-12.30 + 14-18.30, Apr-Okt Di-So 14-18

Destillerie Louis Roque. Brennt seit 1905 Liköre, Aperitivs und Eau de Vie aus regionalen Zutaten. Laden mit kleinem Museum. Avenue Jean Jaurès 41, www.lavieilleprune.com

Spaßbad Quercyland. Fünf Wasserbecken, drei Riesenrutschen, Mini-Golf, Trampolin und Hüpfburg. Mitte Mai-Sep 11-20, Eintritt 10,-€, mit Mietkanu von Copeyre 1x gratis.

Hochseilgarten Accrobranche. Ab Mitte Mai–Sep 11–20, Eintritt 10,- €.

In Souillac essen Sie gut und günstig. In der Altstadt gibt es mehrere nette Restaurants. Wählen Sie nach Lust und Laune, Sie können wenig falsch machen.
Diese hier haben uns besonders gefallen:

Au Bistrot de la Halle, 4 place Doussot. Einfache frische Küche mit Pizza und Gegrilltem, Tische unter dem Dach der alten Markthalle.

L'entracte, Rue de la Halle. Etwas außerhalb der Altstadt gelegen. Wechselndes Menü mit frischen Zutaten und sehr gutem Preis-Leistungs-Verhältnis.

Etappe 3 – Die untere Dordogne von Souillac nach Limeuil

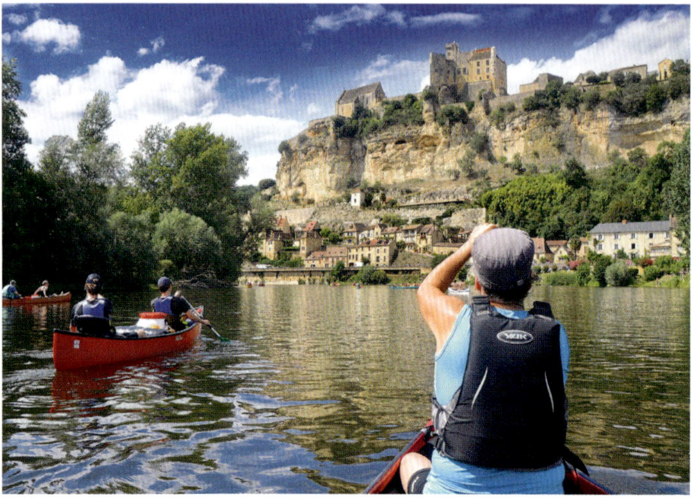

Perfekter Burgblick: Am schönsten ist der Blick auf Beynac-et-Cazenac vom Kanu aus

Einsetzstelle Souillac:
Einsetzstelle an der Brücke der N 820 oder an den Campingplätzen.

Aussetzstellen in Limeuil:
Parkplatz am Zusammenfluss von Dordogne und Vézère oder ***Camping le Port de Limeuil*** auf der gegenüberliegenden Flussseite.

Länge und Dauer der Etappe:
72 km, 3-4 Tage.

Umtragestellen:
Kein Wehr, keine Umtragungen, kein Wildwasser, nur Zahmwasser.

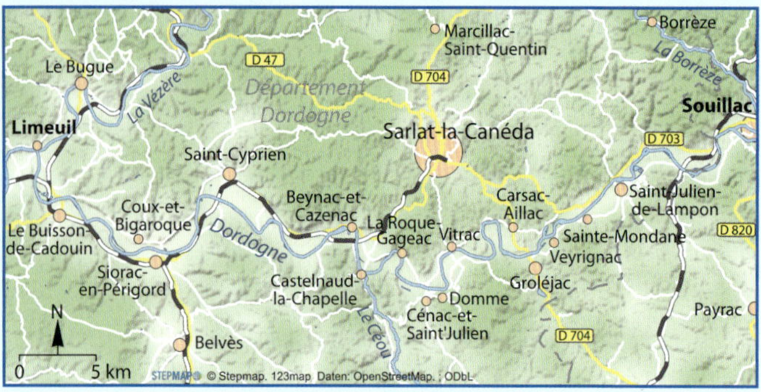

Aus dem belebten **Soulliac** folgen wir der Dordogne wieder in ruhigere Gefilde. Auf breitem Flusslauf geht es langsam aus dem Umfeld von Souillac hinaus. Am Ufer begleiten uns noch Spazierwege und Badeplätze.

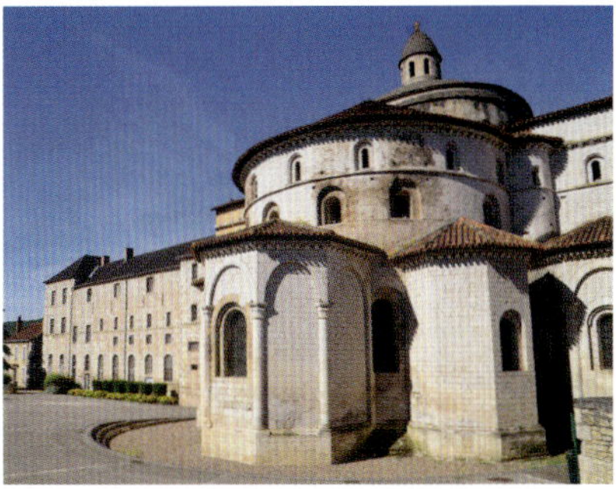

Abteikirche Sainte-Marie in Souillac

Es folgt noch einmal ein *Schwall*, der bei höherem Wasserstand beachtliche Wellen entwickelt. Dann unterqueren wir die schmale Brücke von **Cieurac** und paddeln in eine Linkskurve.

Auf den nächsten 10 Kilometern, bis zum Dorf St. Julien de Lampon, ist das Ufer weitgehend unbebaut.

km 237

Camping Municipal la Borgne**
+33 (0)553 29 81 64

So liegt auch der nächste Campingplatz *Camping Municipal la Borgne* am rechten Ufer ein Stück vom Ort **Cazoulès** entfernt im Wald. Zugang bietet die Kiesbank am *Badeplatz*. Die Stellplätze ziehen sich am Hochufer den Fluss entlang. Eine Fahrradvermietung ermöglicht Ausflüge in die Umgebung.

km 238,2

Im Fluss umfahren wir mehrere Inseln, linksufrig befindet sich eine *Anlegestelle* mit Rampe. Kurz darauf quert vor uns auf Höhe des Dorfes **Mareuil** eine Eisenbahnbrücke. Nach drei Kilometern folgt eine weitere Insel. Hält man sich hier links, kommt man zu einer schönen Kiesbank. Dann verengt eine Landzunge das Flussbett und in der nächsten Rechtskurve geht es auf eine Felswand zu.

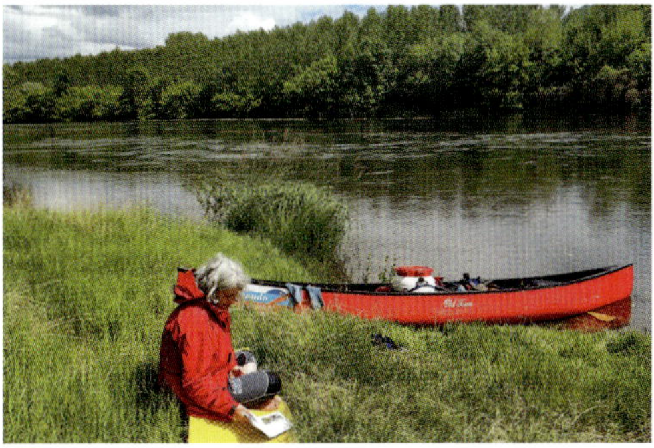

Pause hinter Souillac

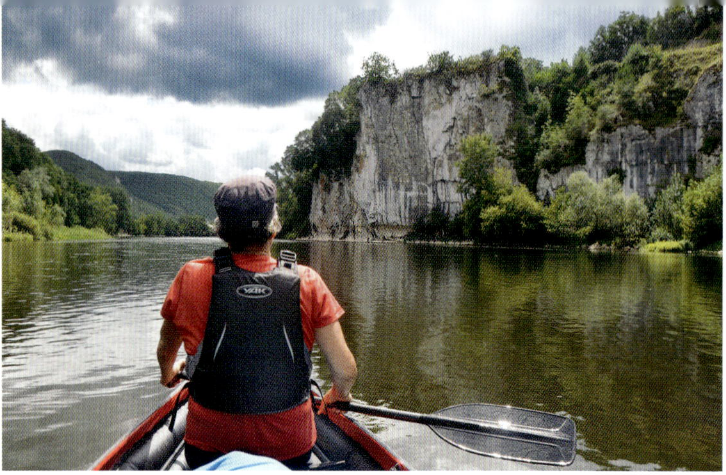

Flussidylle hinter Souillac

km 243,7

Oben auf dem Felsen hat man von der Terrasse des ***Restaurants La Gabarre*** besten Flussblick. Die Küche ist ausgezeichnet. Leider ist das Restaurant vom Fluss nicht zu erreichen und schwebt hoch über dem Kanu.

km 245

Camping à la ferme Le Port
+33 (0)553 29 71 50

Camping Municipal Le Bourniou
+33 (0)553 29 83 39

Für uns kündigt es den Ort **Saint-Julien-de-Lampon** an, der mehrere gute Quartiere zu bieten hat.

Zuerst taucht links der *Bauernhofcamping Le Port* auf. Gibt es freie Plätze in Ufernähe, eignet sich schon dieser einfache und sehr preisgünstige Platz.

Unsere Empfehlung ist jedoch der *Camping Municipal Le Bourniou*, direkt links vor der gelben Sandsteinbrücke, wo sich auch der beste Anlegeplatz zum Einkaufen im 500 Meter entfernten **St. Julien-de-Lampon** befindet. Der Le Bourniou ist für einen Camping Municipal unerwartet komfortabel. Die Sanitäranlagen sind neu und vor dem Camping steht ein breiter Wiesenstreifen mit Kiesufer den Gästen als Badeplatz zur Verfügung. Abends sitzt man bei einem Gläschen Wein an den gemütlichen Tischen der Snackbar – mit Flussblick versteht sich.

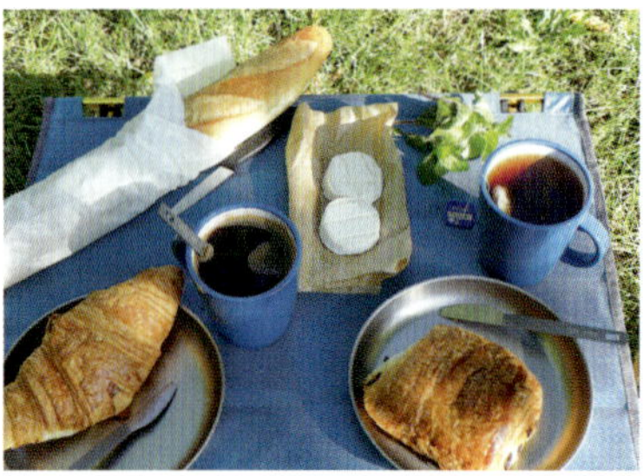

Das Team sorgt für familiäre Stimmung. Baguette und Croissants bestellen Sie an der Bar oder Sie kaufen nach einem kurzen Fußmarsch im Dorf ein.

Hier gibt es neben der *Bäckerei* auch eine *Metzgerei* und einen kleinen *Lebensmittelladen*. Donnerstagvormittag beleben die Stände des *Marché des Producteurs* den Dorfplatz, dann kann man Obst, Gemüse, Käse und Wein direkt vom Erzeuger kaufen.

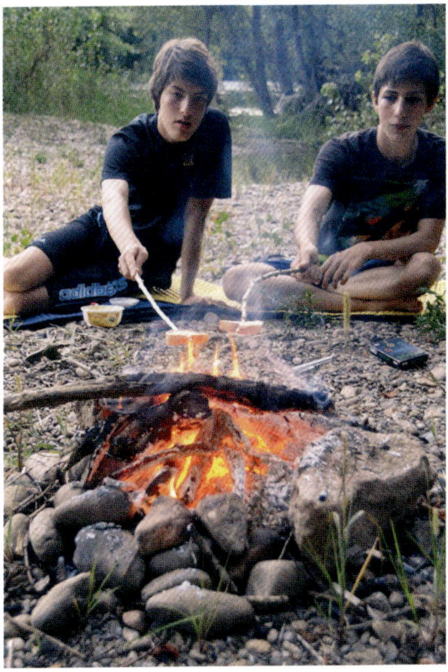

Abenteuer: Grillfeuer auf der Kiesbank

Auch **St. Julien** eignet sich gut für einen Ruhetag: Bei *Cap Evasion* neben dem Camping gibt es Fahrräder für den Ausflug in die Umgebung. Das etwa 20 Kilometer entfernte Städtchen Sarlat-la-Canéda *(siehe nächste Seite)* ist über den ebenen ***Fahrradweg Voie Verte*** erreichbar.

Cap Evasion
+33 (0)681 21 53 39

Infos über den Radweg bekommen Sie auf der anderen Seite der Brücke 500 m nach rechts im *Touristenbüro* von **Rouffillac** im ehemaligen Carlux- Bahnhof *La Gare Robert Doisneau*. *Hier gibt es neben dem Office du Tourisme eine dem humanistischen Fotograf Robert Doisneau gewidmete Galerie. Sein berühmtes Foto, das 1939 vor dem Bahnhof aufgenommen wurde und seine Frau sowie drei seiner Freunde zeigt, war ausschlaggebend, den Bahnhof wiederzubeleben und 2018 zu eröffnen. Neben weiteren temporären Ausstellungen befindet sich hier von April bis November das Café de la Gare mit kostenlosem W-Lan.*

Office de Tourisme du Pays de Fénelon im Gare Robert Doisneau
+33 (0)553 59 10 70
www.lagare-robert-doisneau.com

Nordöstlich der Brücke in **Rouffillac** liegt der *Camping les Ombrages,* westlich das *Hôtel-Restaurant Le Rouf-*

Camping les Ombrages**
+33 (0)953 53 25 55

Ausflug nach Sarlat-la-Canéda

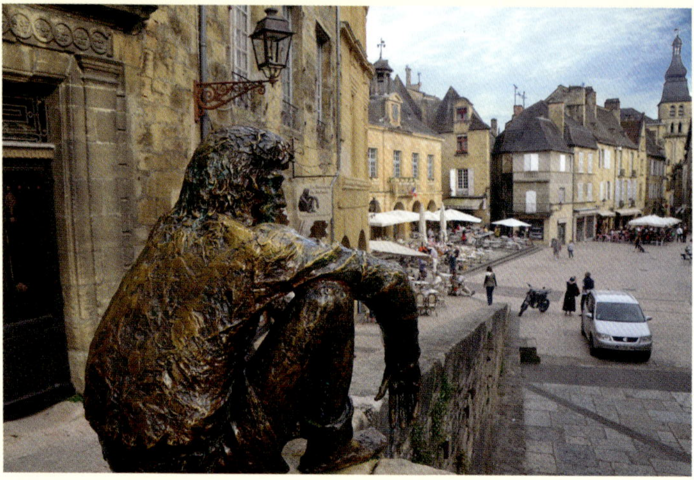

Auf der Place de la Liberté stehen zweimal pro Woche die bunten Schirme der Marktstände

Der Radweg erreicht die Stadt von der Südseite. Hier geht es in die Altstadt wo auch die Tourist-Info zu finden ist. In Vieux Sarlat, dem sorgfältig renovierten alten Stadtkern mit seinen schicken mehrstöckigen Stadtpalais im Stil der Gotik und der Renaissance, gibt es besonders viele Restaurants und Cafés, an deren Tischen man die einzigartige Atmosphäre zwischen den ockergelben Fassaden Sarlats ganz in Ruhe wirken lassen kann.

Hinter der Kirche versteckt sich ein rätselhafter Turm aus dem 12. Jh., die Lanterne des Morts (Totenleuchte). In einem Bogen schlendern wir zur Place de la Liberté und die Treppe hinauf, wo eine bronzene Figur über den Marktplatz von Sarlat wacht, der sich jeden Samstag mit Tischen voller frischer Spezialitäten füllt – der Markt von Sarlat ist bekannt für seine Auswahl und Qualität.

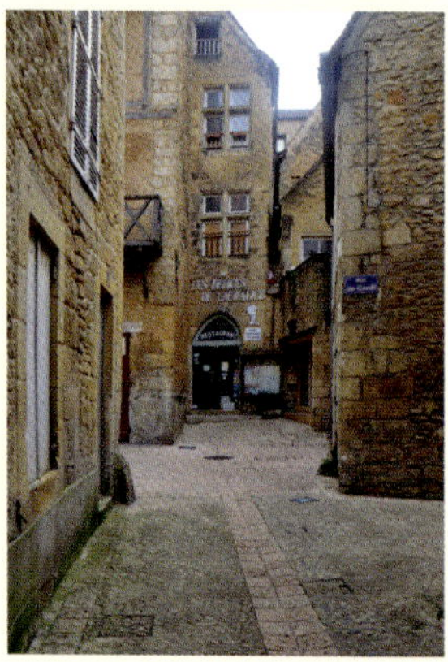

Über die Traverse wechseln wir jetzt in die stillen Gassen der westlichen Altstadt. Auch hier geben Tafeln an den besonders bemerkenswerten Gebäuden die wichtigsten Informationen. Am Abend erwachen die Gassen im weichen Laternenlicht noch einmal zu neuem Leben. In den Sommermonaten sorgen Musiker und Straßenkünstler für ganz besondere Stimmung.

fillac, das jedoch etwas nah an der Straße liegt. Wer zum Hotel möchte, legt an der *Vermietstation von Copeyre Canoë* rechts hinter der Brücke an.

Hotel Le Rouffillac
+33 (0)553 29 70 24

Copeyre Canoë
+33 (0)565 32 72 61

Hinter St. Julien jagt dann ein Höhepunkt den nächsten: Hoch aufragende Felsen, verschachtelte Dörfer und romantische Burgen säumen das Ufer. Touristische Sehenswürdigkeiten wie die mittelalterlichen Orte Domme, La Roque-Gageac, Beynac und natürlich die nahe Stadt Sarlat-la-Canéda machen das ***Sarladais***, die Gegend um Sarlat, zur meistbesuchten Region an der Dordogne – auch für Kanufahrer. So treiben im Sommer bei gutem Wetter zwischen Domme und Beynac zahllose Boote auf dem Fluss. Sollten Sie also im Hochsommer unterwegs sein: Hoffen Sie für den Tag Ihrer Passage auf bewölkten Himmel oder wappnen sich mit Langmut und Geduld.

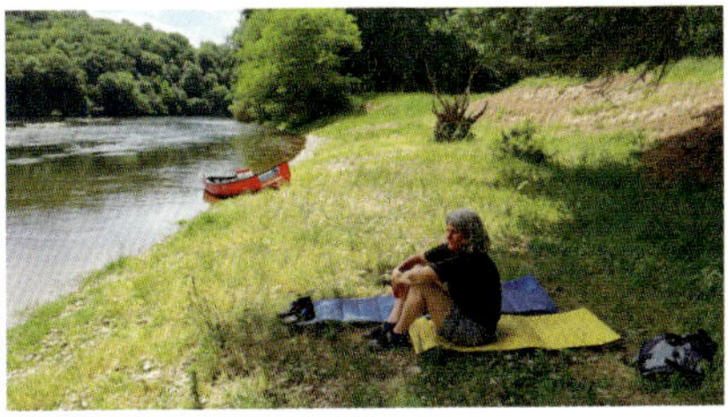

Pause am Ufer

In Begleitung der ersten Tagespaddler, die mit uns bei der Vermietung Cap Evasion gestartet sind, geht es auf

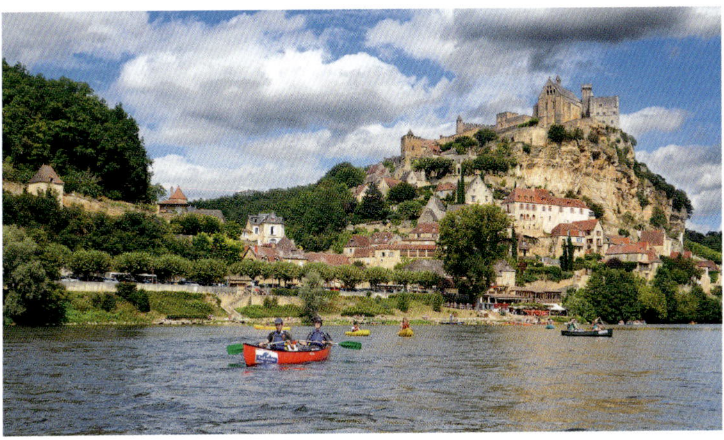

Hochsommerlicher Kanutrubel bei Beynac. Kein Wunder bei dieser Kulisse...

den ersten Kilometern auf einem breiten und trägen Fluss dahin. Auf Höhe von **Veyrignac** fühlt man sich wie in einer durch Inseln zerklüfteten Seenlandschaft. Rechts zweigt ein bewaldeter Seitenarm ab, der bis zum Dörfchen **Aillac** reicht, das wegen seinem gotischen ***Kirchlein Notre Dame de l'Assomption*** einen Abstecher wert ist. An der Einfahrt rechts befindet sich ein schöner ***Rastplatz***.

Links liegt verborgen zwischen grünen Hügeln das Dorf **Veyrignac**, zwei Kilometer weiter markiert eine Straßenbrücke die nächste Ansiedlung.

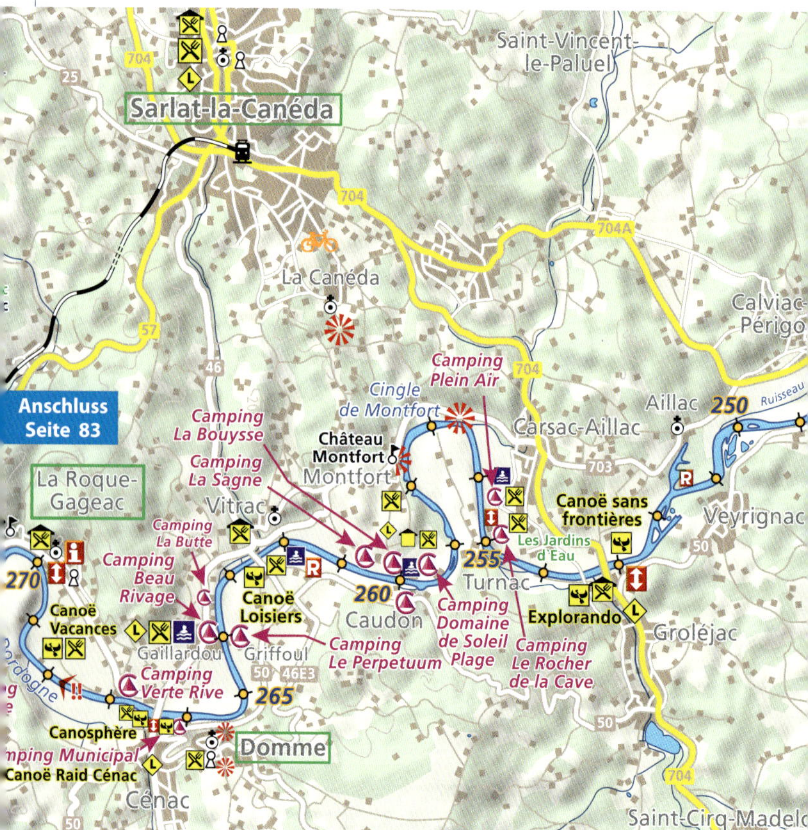

Das Zentrum des unspektakulären Straßendorfs **Groléjac** liegt ein Stück vom Fluss entfernt. In der Nähe der Brücke lädt das einfache *Hotel-Restaurant Du Pont* zur Einkehr oder zur Übernachtung. Ein Schild markiert den Weg vom Anleger links vor der Brücke durch die engste Gasse des Dorfes zum 100 Meter entfernten Hotel. Zum *Casino Supermarkt* kommt man nach 500 Meter Fußmarsch auf der Hauptstraße.

km 253

Hotel Du Pont
(100 m)
+33 (0)553 28 15 94

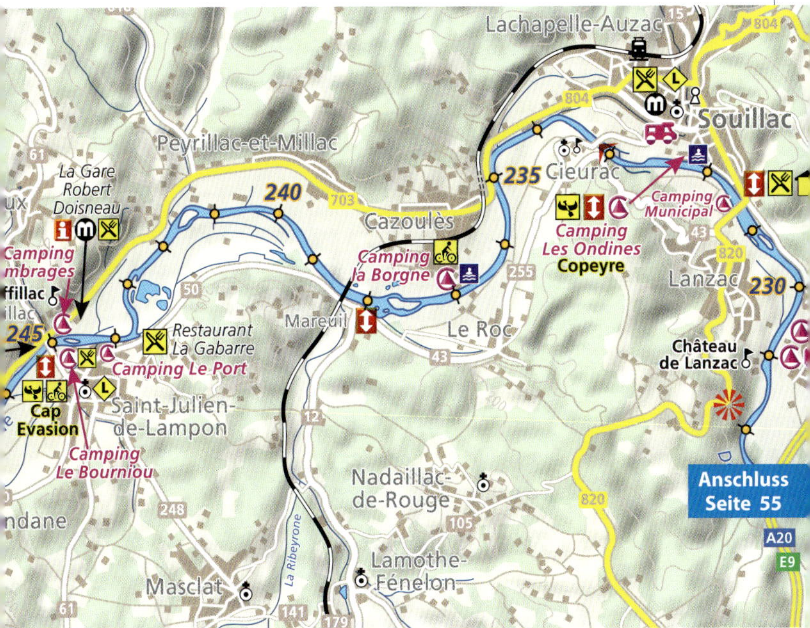

Groléjac ist Stützpunkt des *Kanuvermieters Explorando*. An der Brücke führt eine schmale Straße zur Kanubasis. Auch vom Wasser ist die Station von Explorando leicht zu finden: Kurz hinter Groléjac folgt eine zweite Brücke. Hinter den Brückenpfeilern links kann man an zwei Kiesbuchten anlegen.

km 253,2

Explorando
+33 (0)674 24 40 81

Einen guten Kilometer weiter treffen wir links auf ein stilles Kiesufer mit urwaldähnlichem Auwald. Der Platz

km 255

Camping Le Rocher de la Cave
+33 (0)553 28 14 26

bei **Turnac** ist ideal zum Baden und Rasten. Dahinter erhebt sich eine Steilwand und an der Kiesbank in der Innenkurve trifft man im Sommer auf viele Badegäste. Die Bar mit Pizzeria direkt oberhalb ist zudem perfekt für eine Pause. Der Strand gehört zum *Camping Le Rocher de la Cave*, der sich, wenn noch Platz in Ufernähe zu haben ist, auch für Paddler eignet. Überdies ist er Ausgangspunkt zum Besuch des nahen, 3 Hektar großen *Wassergartens Les Jardins d'Eau* in **Saint Rome**.

Les Jardins d´Eau
www.jardinsdeau.com

Camping le Plein Air des Bories***
+33 (0)553 28 15 67

Die Stellplätze des zweiten *Camping le Plein Air des Bories* (beheizter Pool mit Schiebedach) liegen am Hochufer, und sind mit dem Kanu schwer zugänglich. Zwischen beiden Plätzen befindet sich eine *Kanueinsetzstelle*, an der im Sommer Hunderte von Booten zu Wasser gelassen werden. Spätestens ab jetzt wird es voll auf dem Fluss.

Wir befinden uns nun bei **Carsac-Aillac** an der Einfahrt in den ***Cingle de Montfort***, einer ausladenden Flussschleife, an deren Außenkurve das fotogene ***Château de Montfort*** *(keine Besichtigung)* förmlich aus den Fel-

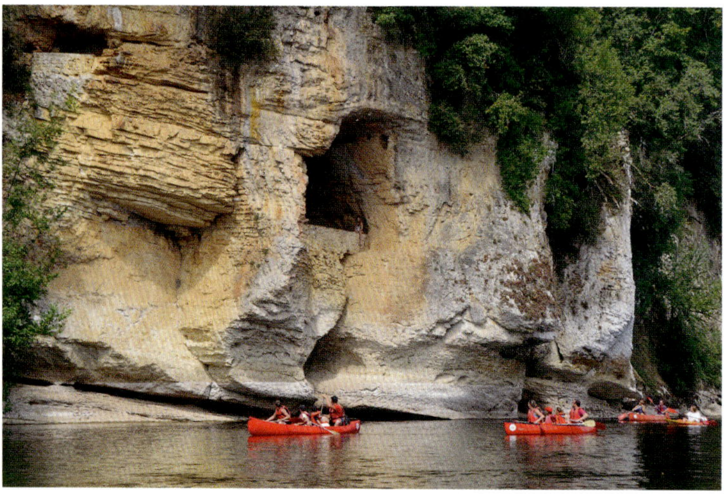

Felsformationen bei Carsac

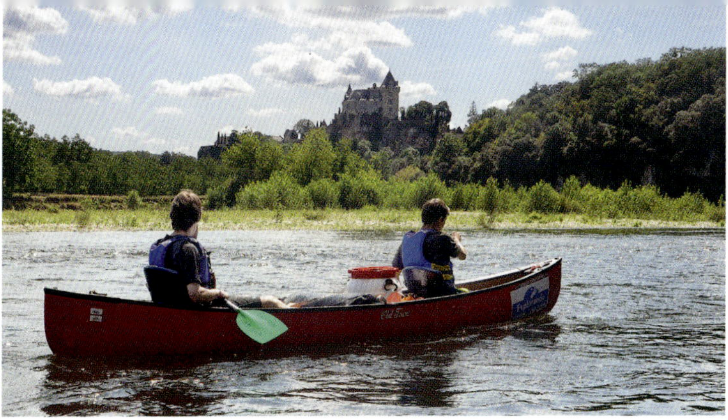

Im Cingle de Montfort rauscht die Dordogne mit flotter Strömung über seichte Kiesbänke

sen wächst. Schon am Beginn des Cingle kann man das Schloss links hinter der langgezogenen Kiesbank erkennen.

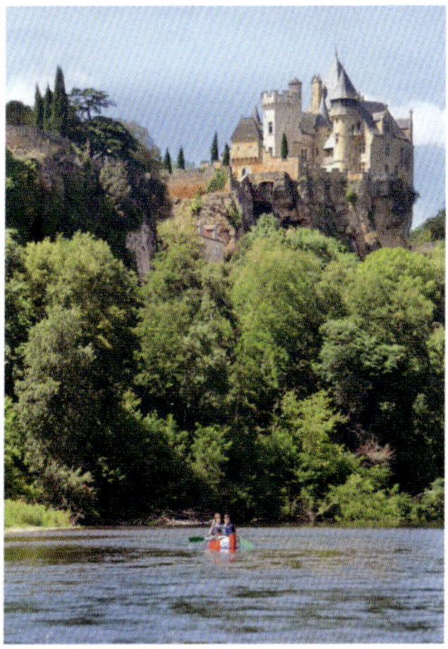

Montfort thront hoch über dem Wasser

Dann trägt uns die Strömung flott voran und wer nicht stranden möchte, widmet seine Aufmerksamkeit kurzzeitig eher dem Fluss.

Im hinteren Bogen des Cingle bietet auf der linken Innenseite eine mit Gras, Büschen und Pappeln bewachsene Kiesbank die Möglichkeit zur Pause mit gutem Blick auf das Schloss ***Château de Montfort***.

Wer die 100 Meter Fußweg ins hoch auf den Felsen gelegene Dorf **Montfort** hinauf möchte, um es aus der Nähe zu betrachten oder zum Essen ins *L'Angelus* *(Sa mittag + Mo geschlossen)* oder nebenan in die *Brasserie Le Centenaire* einzukehren, steuert das rechte Ufer an. Unterhalb des Châteaus gibt es eine winzige Bucht mit Anlegemöglichkeit an der Quelle ***„Source de Montfort".***

km 257,5

L'Angelus de Montfort
+33 (0)553 31 27 41

Le Centenaire
+33 (0)524 15 18 83
+33 (0)683 12 22 57

Noch ein Bogen nach rechts, das Tal öffnet sich, und wir lassen die Flussschleife von Montfort hinter uns.

Auf den nächsten 8 Kilometern bis Cénac folgt jetzt ein Camping dem anderen, aber nicht alle eignen sich für Kanuten. Gut zugänglich wäre der *Camping Domaine de Soleil Plage*, der als erster an der rechten Seite auftaucht. Die Stellplätze liegen verborgen im Wald und vor dem Camping befindet sich ein angenehmer Badeplatz. Was man vom Ufer nicht sieht: die Preise des gediegenen 5-Sternecampings mit der tollen beheizten Badelandschaft sind nicht nur im Hochsommer stolz.

km 259,5

(Nebensaison auch tageweise)

Camp. Domaine de Soleil Plage*****
+33 (0)553 37 14 13

Gegenüber in **Caudon** steht am Fuß eines Felsens das ***La Maison du Passeur,*** früher Restaurant mit hübscher Terrasse *(Titelfoto dieses Buches)*, heute Privatbesitz.

km 262,5

Le Chalet
+33 (0)553 29 32 73

Canoë Loisiers
+33 (0)553 28 23 43

Der Felshang wechselt nach rechts und auf der Kiesbank gegenüber kann man mit tollem Ausblick baden. Die Kiesbank endet vor der Brücke von **Vitrac**, wo am linken Ufer die Terrassen der *Snack-Bar Le Chalet* locken. Auch Einheimische essen hier Gegrilltes – Würstchen, Steak, Entrecote oder Magret de Canard (Entenbrust).

Hotel La Treille**
+33 (0)553 28 33 19

Hotel Plaisance***
+33 (0)553 31 39 39

Wer edler speisen möchte, kann das auf der anderen Flussseite, wo sich oben an der Straße zwei attraktive *Hotel-Restaurants* verbergen. Das *La Treille* (Küche herausragend), gehört zu den besonders stilvollen Herbergen der Logis de France. Im *Hotel Plaisance*, direkt gegenüber, können Sie auf der schön begrünten Terrasse oder am Pool relaxen. Zum Anlegen lenkt man das Kanu ganz rechts an der kleinen Insel vor der Brücke vorbei und landet an der Rampe unter dem letzten Brückenbogen an. Der Anleger ist von der Flussmitte nur noch mit Mühe anzusteuern.

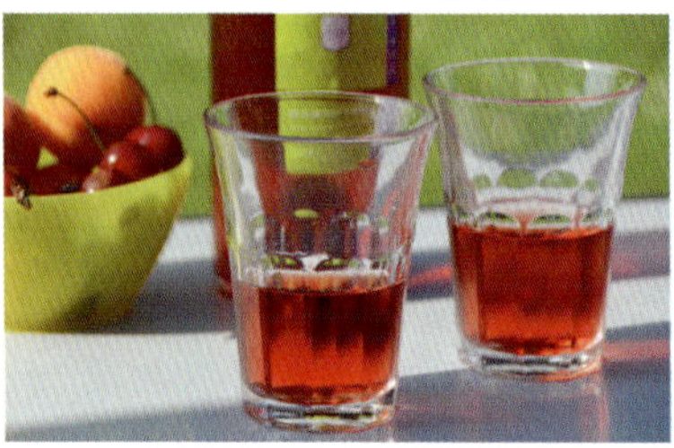

km 263,5

Hinter Vitrac kommen auch die Camper wieder zu einem schönen Quartier. Der erste *Camping La Butte* liegt hinter einer Linkskurve am schlecht erreichbaren Hochufer, kündigt aber schon die nächsten Plätze an,

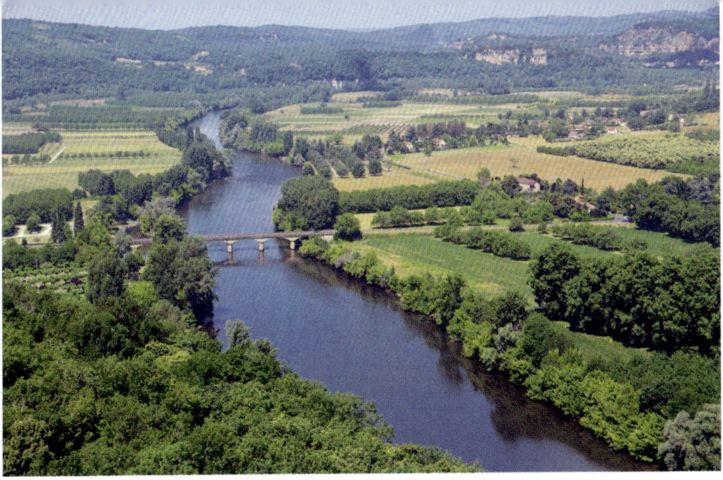

Dordogneblick vom Belvédère de la Barre in Domme

die man sonst leicht verpasst: gleich darauf an einer breiten Kiesbank rechts der komfortable *Camping Beau Rivage* (gute Sanitäranlagen, großer Pool) in **Gaillardou** und genau gegenüber in **Griffoul** der etwas günstigere Platz *Le Perpetuum* mit schattenfreien Zeltplätzen auf einer Wiese. Hier ist das Anlegemanöver etwas anspruchsvoller, da die Dordogne mit flotter Strömung am schrägen, etwa zwei Meter hohen Steilufer vorbeizieht. Nach der Wiese folgt ein kleiner Pappelhain mit einer Rampe zum Anlanden.

km 264

Camping Beau Rivage***
+33 (0)251 20 41 94

Camping le Perpetuum****
+33 (0)553 28 35 18

Im Hochsommer gibt es bei **Cénac** zwei weitere Campingplätze. Gleich links vor der Brücke liegt der angenehme *Camping Municipal*, noch vor der *Kanuvermietung Canoë Raid Cénac*, und am nächsten zum Ort Cénac mit verschiedenen Einkaufsmöglichkeiten sowie Dienstag von 8-13 Uhr Wochenmarkt. Rechts hinter der Brücke folgt am Hochufer der einfache *Wiesenplatz Verte Rive*. Am Platzende ist der Hang flacher und man kommt auch mit dem Kanu auf die Wiese.

km 266,3

Camping Municipal de Cénac*
+33 (0)553 28 31 91

Canoë Raid Cénac
+33 (0)553 31 06 45
+33 (0)637 09 46 98

Camping Verte Rive*
+33 (0)553 28 30 04

Am Abend lohnt der Aufstieg auf den Hügel über Cénac, um im Licht der antiken Straßenlaternen durch die engen Gassen von **Domme** zu flanieren und in einem der vielen Restaurants den Tag ausklingen zu lassen.

Blick auf Domme

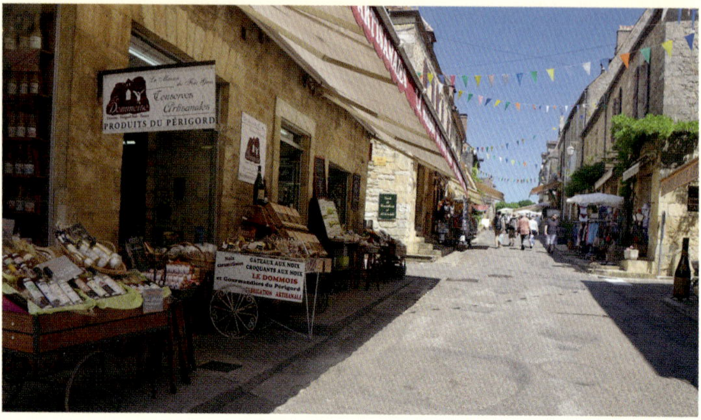

Kunsthandwerk und Spezialitäten in der Grand Rue

Die „Akropolis des Périgord", wie Domme gerne genannt wird, residiert auf einem Hügel oberhalb der Dordogne und gilt als eines der schönsten Dörfer Frankreichs. Die trapezförmige Stadtmauer mit den drei Toren ist vollständig erhalten und wird auf der Flussseite von der Promenade des Falaises (Klippenpromenade) gesäumt, von der man freien Blick über das Flusstal hat. Wegen seiner strategisch günstigen Lage über dem Flusstal war Domme sowohl im Hundertjährigen Krieg als auch in den späteren Religionskriegen ein stets umkämpfter Ort.

Um vom Fluss auf den Berg zu kommen, wählen Sie entweder die für Pkw ausgeschilderte Strecke über die D 49 und biegen dann auf den Fußpfad ein, der die Kurven abkürzt, oder Sie nehmen in Cénac den ersten Abzweig links hinauf und folgen dann dem gelb markierten Wanderweg. Beide Wege stoßen an der Parkanlage in der Nähe der alten Mühle (moulin) auf die Stadtmauer.

Über die Promenade des Falaises geht es dann innen an der Mauer entlang und Sie treffen am Aussichtspunkt Belvédère de la Barre auf die schmalen Altstadtgassen und das Zentrum des Dorfes um die Place de la Halle. Dort steht neben der Tourist-Info die offene alte Markthalle, unter deren Dach sich der Zugang zu den „Grottes" verbirgt. In diesen Tropfsteinhöhlen unter der Stadt fanden die Bewohner von Domme in Kriegszeiten Zuflucht. Heute können sie besichtigt werden. Hier beginnt auch die Grand Rue mit kleinen Läden in denen Kunsthandwerk und regionale Spezialitäten angeboten werden. Sie endet auf dem Place de la Rode, wo man früher verurteilte Verbrecher bestrafte.

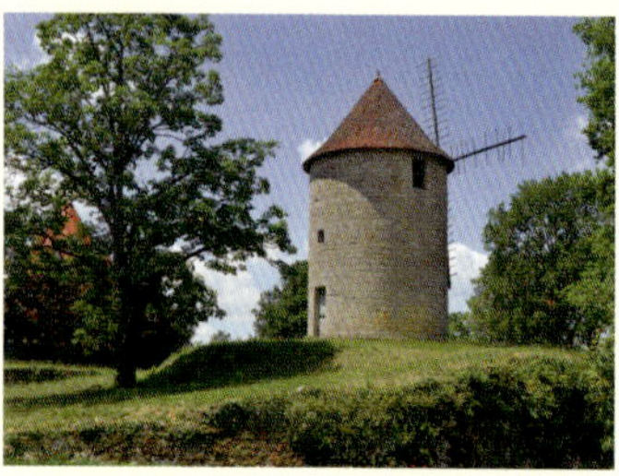

Die Vieux Moulin am Dorfrand

Von hier laufen wir zum Stadttor Porte des Tours. Dort gibt es ganz besondere Graffiti zu sehen: Zwischen 1307 und 1318 wurden im Turm 70 Ritter des Templerordens festgehalten, die Zeichnungen in die Wände ritzten.

Folgt man anschließend der Rue du Guet zum Stadttor Porte de la Combe, durchstreift man dabei die ruhigeren Gassen der Bastide und kann über die Promenade des Remparts und die Porte del Bos an der Stadtmauer entlang und dann im Bogen zur Place de la Rode zurücklaufen.

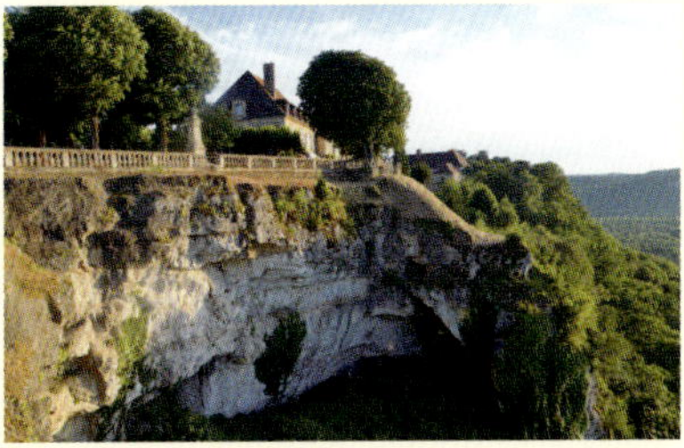

Domme – „Akropolis des Périgord"

Office de Tourisme de Domme, Place de la Halle, Tel. +33 (0)553 31 71 00, www.perigordnoir-valleedordogne.com und www.sites-domme.com

(1) Alte Mühle ***Moulin du Roy*** an der ehemaligen Festung von Domme.

(2) Aussichtspunkt ***Belvédère de la Barre.***

(3) ***Markthalle*** (Wochenmarkt Do 8-13) und ***Grotte,*** Feb-Nov, tägl. 10-12 + 14-18 Uhr, Eintritt ca. 8,50 €, www.sites-domme.com/la-grotte-de-domme

(4) ***L'Oustal du Périgord,*** heimatkundliches Museum. Place de la Halle, Mai-Sep 10.30-12.30+14.30-18, Jul+Aug 10.30-19, Eintritt ca. 5,- €.

(5) ***Place de la Rode,*** der Richtplatz im Mittelalter, ***Haus des Münzprägers.***

(6) Stadttor ***Porte des Tours*** mit Graffiti der Templer, Apr-Sep, Eintritt ca. 7,- €.

(7) ***Porte de la Combe,*** altes Stadttor.

(8) ***Promenade des Remparts*** mit toller Aussicht.

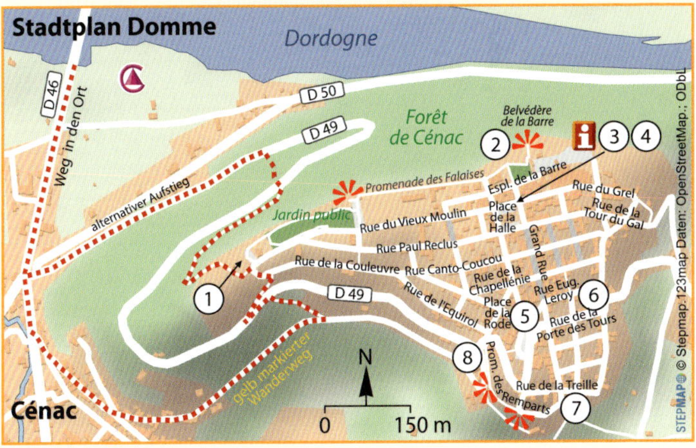

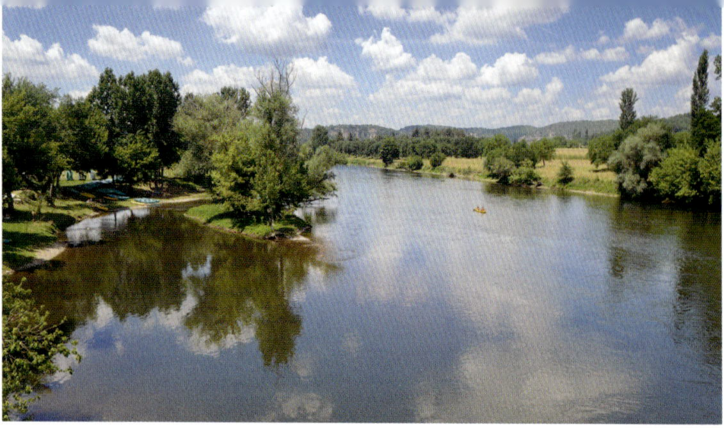

Die Dordogne bei Cénac, links gelangt man zur Snackbar La Guinguette

km 266,5

R

CanoSphère
+33 (0)553 29 99 69

Wer nur an **Cénac** vorbeipaddelt, dem sei trotzdem eine Mittagspause auf der schattigen Terrasse der direkt links hinter der Brücke liegenden ***Snackbar La Guinguette***, die zum ***Kanuvermieter CanoSphère*** gehört, empfohlen – mit leckeren Pizzen, Salat mit Ziegenkäse oder hausgemachten Burgern. Vor der Bar erstreckt sich eine flache baumbestandene Insel, die nicht nur den Blick auf den Fluss verschönert, sondern sich auch als Picknickplatz anbietet.

!!

rechts fahren oder gut aufpassen

Hinter Domme nimmt die Dordogne noch einmal Fahrt auf. Links liegen im Flussbett verstreut ein paar ***Felsbrocken*** und sorgen für die einzige fahrtechnisch ***anspruchsvolle Stelle*** der Etappe. Hier rechts fahren oder aufpassen.

km 268,5

Canoë Vacances

Wir passieren die ***Kanuvermietung Canoë Vacances*** mit einer netten ***Snackbar***. Dann nähern wir uns **La Roque-Gageac** und nun ist Gegenverkehr auf dem Fluss zu erwarten – in knappen Abständen fahren ***Gabares***, flache Holzschiffe, die den typischen alten Lastkähnen nachempfunden sind, den Fluss auf und ab.

km 270

Eine Häuserzeile zieht sich den Fluss entlang, eine weitere klebt oben unter der Steilwand, aus der vor über 50 Jahren ein riesiger Felsblock brach und einen Teil des Dorfes unter sich begrub. Entgegen aller Unkenrufe, die damals das Dorf für verloren erklärten, haben die Einwohner die Häuser in mehrjähriger Arbeit wieder aufgebaut. Heute gehört La Roque-Gageac zu den schönsten Dörfern Frankreichs und nur eine Lücke zwischen den Häusern, in der ein Gedenkstein steht, erinnert noch an die Katastrophe, bei der mehrere Menschen ums Leben kamen.

Durch einen kleinen tropischen Garten mit Orangen und Zitronen, der durch das besonders milde Klima vor der warmen Felswand gut gedeiht, spaziert man hinauf zur schlichten romanischen Kirche aus dem 15. Jahrhundert. Die weiter oben gelegene Felsenfestung (Fort Troglodytique) ist seit einem Felssturz im Jahr 2010 nicht mehr für Besucher zugänglich.

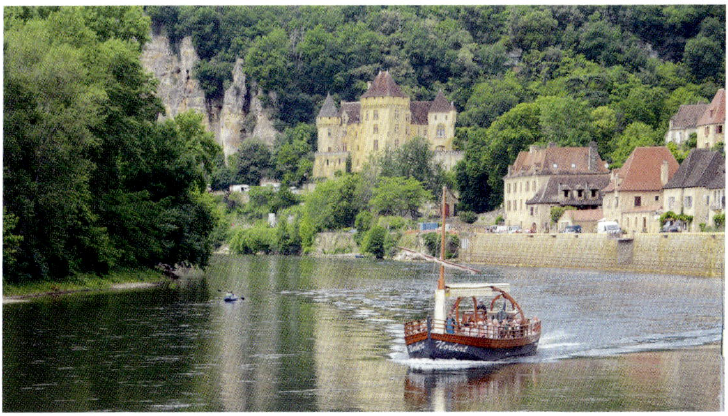

Gabare Norbert: Gegenverkehr bei La-Roque-Gageac

Wer länger bleibt, kann an den Tischen der Cafés oder im Restaurant Platz nehmen was besonders erfreulich ist, wenn abends im Dorf langsam Ruhe einkehrt.

Empfehlenswert an der Promenade ist z.B. das ***Logis Hôtel La Belle Etoile*** in dessen Restaurant regionale Spezialitäten wie *Foie gras* oder *Magret de Canard* perfekt zubereitet auf die Teller kommen. Auch die Zimmer, mit Blick auf die Dordogne, sind freundlich und individuell mit altem Mobiliar aus der Region eingerichtet und trotz der drei Sterne gar nicht mal so teuer.

Markt
Freitagvormittag
Mai-Mitte Sep

l'Auberge des Platanes**
+33 (0)553 29 51 58

La belle Etoile***
+33 (0)553 29 51 44

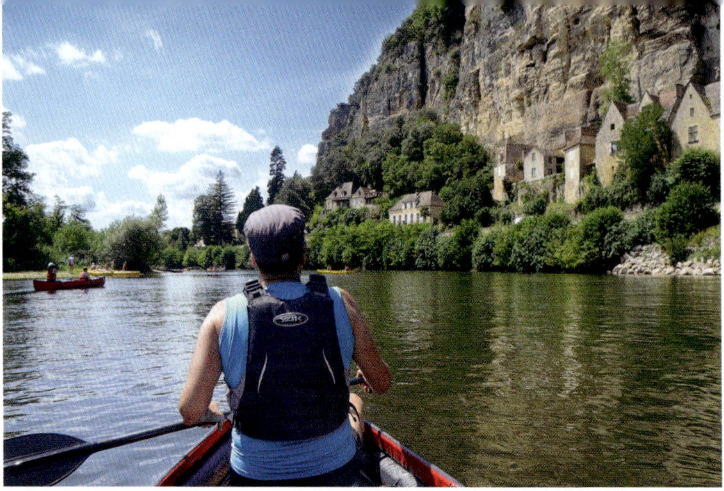

Zwischen Fels und Fluss erbaut: La-Roque-Gageac

km 270,5

Chambre d'hôtes Manoir de la Malartrie
+33 (0)553 29 03 51

Die nobelste Unterkunft des Dorfes **La Roque-Gageac** steht 500 Meter flussab. Das Schlösschen *Manoir de la Malartrie*, in einer großen Parkanlage am Fluss gelegen, wird mit Herzblut und Charme als erstklassiges Bed & Breakfast *(Abendessen bei vorheriger Reservierung)* betrieben. Die großen Zimmer sind üppig möbliert, das Frühstück serviert man auf der Terrasse mit Flussblick und im Park wartet ein Pool mit Sonnenliegen. Die Preise sind gehoben, das Quartier ist jedoch seinen Preis wert. Der Anleger des Manoir befindet sich vor dem öffentlichen Badeufer und dem örtlichen Camping auf der rechten Uferseite. Um zum Haus zu kommen, muss man die Nationalstraße überqueren. Die Kanus bleiben also besser am Flussufer.

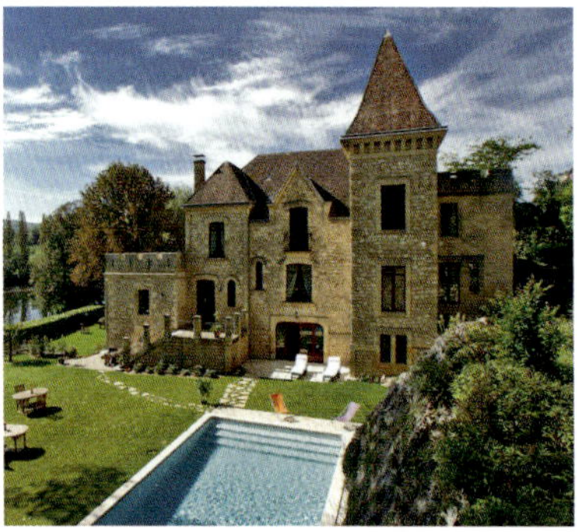

Schlafen im Schlösschen in La-Roque-Gageac
Foto Copyright: © Jacphot, Manoir de la Malartrie

Camping La Plage***
+33 (0)553 29 50 83

Gleich hinter dem öffentlichen Badeufer werden auch Camper mit einer Unterkunft versorgt. Die Plätze des *Camping La Plage* liegen in einem Wäldchen zwischen Straße und Fluss.

Les Jardins suspendus de Marqueyssac

Rechts, weit oben auf der Klippe, liegen die denkmalgeschützten, hängenden Gärten von **Marqueyssac**. *Die* ***beeindruckende Gartenanlage*** *rund um das Schloss erstreckt sich über den kompletten Felsen, an dessen Abhang einer der Spazierwege zum Belvédère entlangführt. Der Blick reicht in der einen Richtung bis zur Burg von Castelnaud, in die andere Richtung bis zu den Häusern von La Roque-Gageac. Das Restaurant und der Salon de thé sind von April bis 1. Nov. ab mittags geöffnet.*

Abenteuerlustige ab 8 Jahren können auf dem 200 Meter langen Raubvogel-Klettersteig "Via Ferrata des rapaces" die Klippen erobern oder ab 3 Jahren im Baumwipfelpfad die Bäume durchstreifen.

Der Zugang zum Garten von Marqueyssac liegt hinter den Gärten etwa 2,5 Kilometer vom Fluss entfernt auf einem Hügel, der Aufstieg ist ein wenig mühsam.

Gartenanlage Les Jardins de Marqueyssac

tägl. geöffnet
Jul-Aug 9-20
sonst 10-18/19

Kerzenlicht-Abende bei gutem Wetter: Donnerstag 19-24

Wald säumt die Ufer und die Hügel rücken wieder näher an den Fluss. Kurz vor der Brücke vor **Castelnaud** mündet von links der ***Céou*** mit glasklarem kühlen

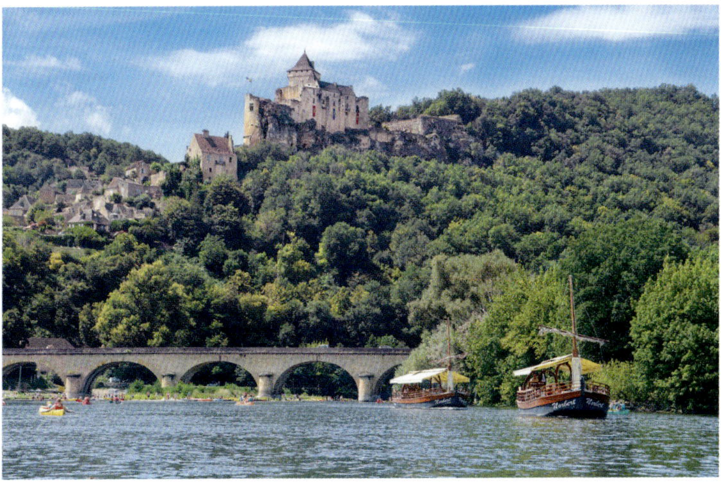

Sommerlicher Hochbetrieb am Château Castelnaud. Die Besichtigung der Burg ist ein Höhepunkt jeder Dordognetour.

km 272,8

Wasser in die Dordogne. Dann folgt eine große Badewiese und dahinter ein riesiger Parkplatz am *Centre Commercial* mit einer sehr guten *Bäckerei* und einer *Metzgerei*. Bank*automat, Post, Pizzeria* und *Café* runden das Angebot ab, so dass die Versorgung für die letzten Kilometer sichergestellt ist.

Château de Castelnaud

Hoch oben auf dem Felsen über dem Dorf thront die imposante Burganlage von Castelnaud, in der ein Museum der mittelalterlichen Kriegskunst die Funktion von Armbrust und Katapult erklärt. Die einmalige Lage der Burg und ihre gut restaurierten verschachtelten Gänge und Räume machen den Besuch zum Erlebnis. Mit Kindern sollte man die Burganlage keinesfalls verpassen. Ein steiler Fußweg führt zwischen den Häusern von **Castelnaud-la-Chapelle** *hinauf.*

Ecomusée de la Noix
+33 (0)553 59 69 63
Apr-Nov. tägl. 10-19
Schaupressen in der alten und der modernen Mühle, Verkauf der eigenen Produkte

Am Fuß des Schlosses ist in einem Bauernhaus aus dem 18. Jh. das *Ecomusée de la Noix* untergebracht, umgeben von einem großen, biologischen Nussbaumhain in dem auch eine alte, traditionelle Ölmühle steht.

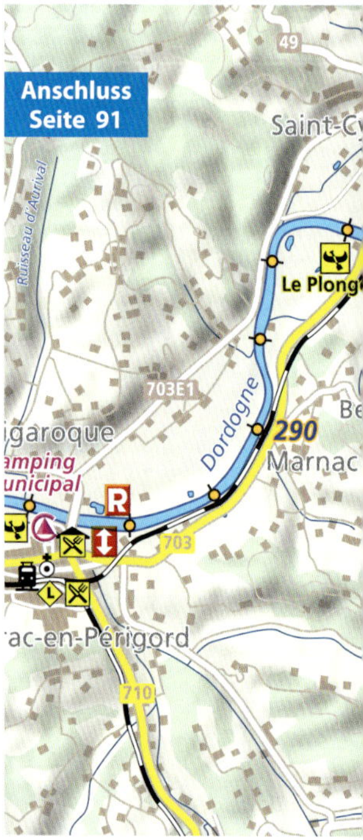

Einer der nachfolgenden Campingplätze bietet sich als Quartier an.

km 273,5

Camping la Cabane***
+33 (0)553 29 52 28

Kurz hinter Castelnaud reihen sich am rechten Ufer drei Campingplätze. Der *Camping la Cabane* mit schattigen Plätzen, die nur durch eine Hecke vom Fluss getrennt sind, ist der erste. An einer kleinen Sandbucht mit

Hinweisschild, bekommt man die Kanus gut aus dem Wasser. In der Vorsaison läuft man recht weit zu den gepflegten Sanitäranlagen, im Hochsommer gibt es ein zweites Haus weiter unten auf dem Platz.

Die schönsten Stellplätze, mit Blick auf das gegenüberliegende **Château de Fayrac,** finden Sie 500 Meter weiter auf dem *Camping Les Magnanas*, dessen Wiese unter alten Bäumen bis zur Dordogne hinunterreicht. Die Sanitäranlagen sind eher simpel.

Der dritte Platz *du Pont de Fayrac*, vor der Eisenbahnbrücke von **Fayrac**, ist einfach und nicht sehr gepflegt, bietet aber in der Vor- und Nachsaison die Möglichkeit ein Mobilheim auch tageweise zu beziehen.

km 274

Camping les Magnanas**
+33 (0)553 29 51 79

Camping du Pont de Fayrac
+33 (0)553 29 54 73

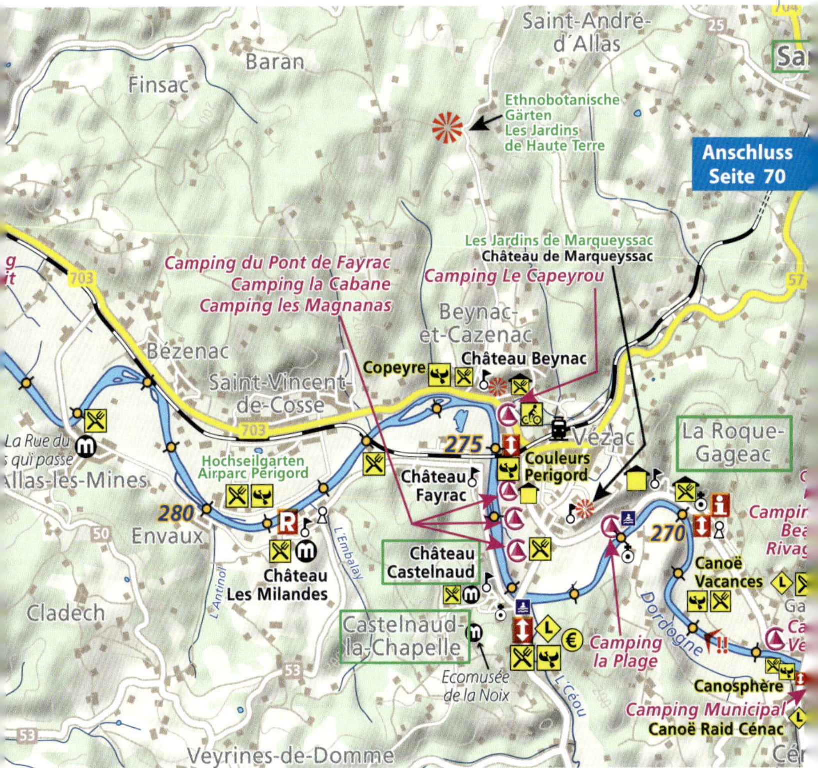

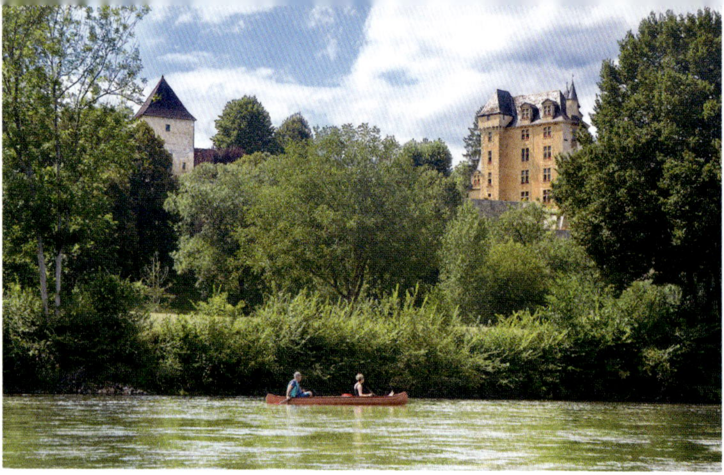

Château Fayrac lugt gut versteckt aus dichter Ufervegetation

!!

entgegekommende Gabare haben Vorfahrt

Die Eisenbahnbrücke von **Fayrac** ist z.Z. von einem Gerüst umgeben, das wohl noch eine Weile bleiben wird. Eine ***schmale Durchfahrt*** befindet sich in der Mitte der Brücke. Sollte Ihnen an dieser Stelle eine Gabare entgegenkommen, hat diese unter der Brücke Vorfahrt.

Château de Castelnaud
+33 (0)553 31 30 00

*Ein schöner **Uferweg** verbindet Beynac, die Campingplätze und Castelnaud. Von den beiden empfohlenen Plätzen ist man bis zur Brücke von Castelnaud etwa 20 Minuten unterwegs. Ebenso lange sollten Sie für den steilen Aufstieg durch die engen Gassen zur **Burg Castelnaud** (siehe auch Seite 82) rechnen. Oben gruppieren sich um das **Burgmuseum** einige **Cafés** und **Restaurants**.*

Ecomusée de la Noix
+33 (0)553 59 69 63

*Auf dem Rückweg lohnt ein Besuch des **Ecomusée de la Noix**, wo Walnüsse, ebenfalls eine Spezialität der Region, zu Öl oder dem köstlichen Aperitif Vin de Noix verarbeitet werden. Vermutlich ist Ihr Rucksack auf dem Rückweg schwerer als vorher – alle Spezialitäten werden vor Ort verkauft.*

Château de Beynac
+33 (0)553 59 69 63
tägl. 10-19

Ebenfalls lohnend ist ein abendlicher ***Spaziergang*** nach **Beynac** zu der hoch über dem Dorf liegenden mittelalterlichen Burg ***Château de Beynac***. *Sie war im 100jährigen Krieg die Festung der englischen Besatzer und der direkte Gegenspieler des französischen Castelnaud auf der gegenüberliegenden Flussseite.*

Noch heute lieben die Briten **Beynac**. Kommen Sie abends zum Essen hierher, wird an vielen Tischen Englisch gesprochen. Eine gute Auswahl an Restaurants finden sich am Ortsende unten am Fluss oder ganz oben an der Burg.

Kurz vor Beynac in **Vézac** endet für die ersten großen Gruppen der *Mietkanus* die Fahrt an der Eisenbahnbrücke ***Pont du Fayrac*** und es wird langsam wieder ruhiger auf dem Fluss.

km 274,8

Couleurs Périgord
+33 (0)553 30 37 61

Der komfortable *Camping Le Capeyrou* liegt zwar direkt am Fluss, ist jedoch hinter einem Drahtzaun am Hochufer für Kanuten schlecht erreichbar. Zur Übernachtung im *Hotel du Château* legt man am Ende des Dorfes **Beynac-et-Cazenac** an der *Kanustation von Copeyre* an.

km 275,5

Camping Le Capeyrou**
+33 (0)553 29 54 95

Hotel du Château
+33 (0)553 29 19 20

Copeyre
+33 (0)565 32 72 61

Dann sollte man unbedingt durch die engen, steilen Gassen auf den Felssporn steigen, von dem das ***Château de Beynac*** über das Flusstal wacht. *Die Burganlage, seit 1961 in Privatbesitz, wird Stück für Stück saniert,*

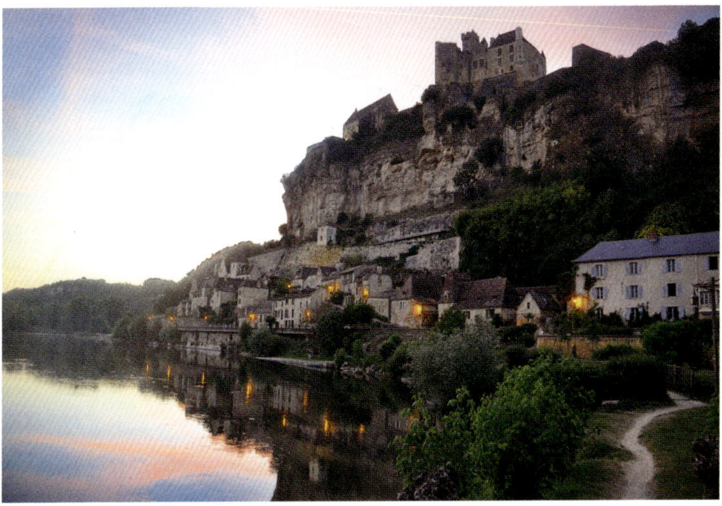

Beynac nach dem Abendessen. Der Uferpfad führt zurück zum Campingplatz.

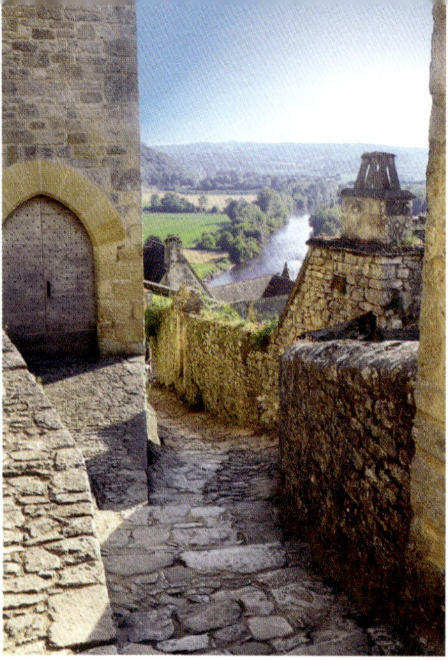

Durch steile Gassen geht es hinauf zum Château Beynac

um dem mittelalterlichen Original möglichst nahe zu kommen. Luc Besson drehte 1999 auf Burg Beynac die Geschichte der Nationalheldin Jeanne d'Arc, die die Franzosen 1429 im zarten Alter von 18 Jahren zu großen Erfolgen gegen die Besatzer aus England führte.

Die attraktive Kulisse zieht viel zu schnell vorüber und die Burg ist bald nicht mehr zu sehen. Wir umschiffen eine Gruppe kleiner Inseln, dann überspannt eine Eisenbahnbrücke den Fluss. Am linken Ufer befindet sich

km 277

eine weitere **Ausstiegsstelle für Mietboote** und eine schöne **Snack-Bar**.

km 278,5

Château & Jardins des Milandes
+33 (0)553 59 31 21
Apr-Nov tägl.
9.30/10-18.30/20

Château & Jardins des Milandes

Links fällt der Blick auf die Türme des Château des Milandes, des langjährigen Domizils der schwarzen Sängerin und Tänzerin Josephine Baker. Im Schloss kann man heute eine lohnenswerte Ausstellung über Leben und Karriere der Künstlerin besuchen, die Milandes zur Heimat ihrer ungewöhnlichen Familie machte. Josephine adoptierte 12 Kinder aus aller Welt, um zu zeigen, dass Menschen unterschiedlicher Hautfarbe und Herkunft gleichberechtigt miteinander leben können und sollen. Bekannt wurde die mutige Frau durch ihre Grimassen und skandalträchtigen Kostüme. Dass sie als Leutnant der französischen Armee einen Pilotenschein hatte und viele Jahre in der französischen Résistance kämpfte, wissen nur wenige.

Viele Räume im Schloss, das die Baker 1968 aus finanziellen Gründen verlassen musste, sind noch im Original-

zustand. Kostüme, Fotos, Tonaufnahmen und Filme vermitteln einen Eindruck der künstlerischen Entwicklung der Tänzerin und schillernden Person die sie war. Im Schlosspark finden mehrmals täglich Flugvorführungen mit Greifvögeln der zum Schloss gehörenden Falknerei statt.

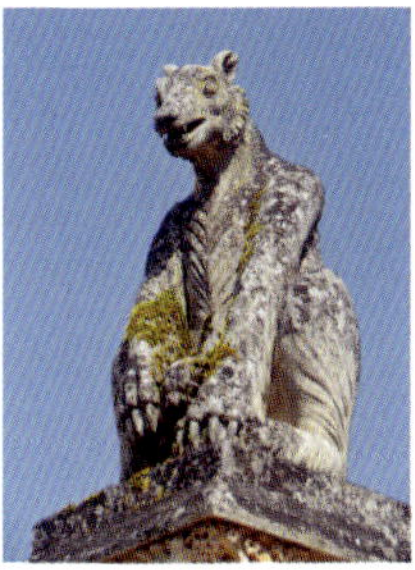

Unterhalb des Schlosses in **Les Milandes** liegt der von Josephine Baker entworfene „Le Parc de Josephine Baker", ein Freizeitgelände mit Restaurant, Minigolf und kleinem Schwimmbad, leider ist er nur noch für Privatveranstaltungen geöffnet. Am Ufer gibt es jedoch einen Rastplatz und eine Kanuvermietung.

km 279,5

Wenig später folgt auf einer rechts ins Wasser ragenden Halbinsel der ***Hochseilgarten Airparc Périgord*** mit ***Restaurant*** und großer ***Kanuvermietung***. Kurz darauf sieht man links Häuser des Dorfes **Envaux**. Dann folgen einige Inselchen mit schönen Rastplätzen.

Hochseilgarten AirParc Périgord
+33 (0)633 81 26 90

Ab hier wird die Dordogne breiter und fließt ruhig und gleichmäßig zwischen dicht bewachsenen Ufern.

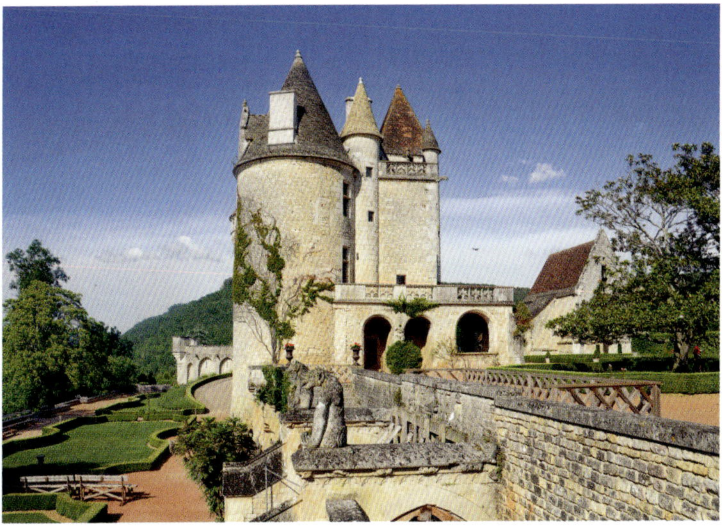

Château des Milandes – Josephine Bakers Märchenschloss

km 283

Le Gabarrier
+33(0)553 29 22 51

Museum La Rue du Temps qui Passe et son Bistrot
+33 (0)553 28 27 82
Jul+Aug tägl. 10-18
Apr-Nov 10-12+14-18
Mi+Do geschlossen

Hinter der nächsten großen Linkskurve kommt die Brücke von **Allas-les-Mines** in Sicht. Links davor steht das *Restaurant Le Gabarrier* mit gehobener Preisklasse im leicht ruppigen Umfeld einer Mine und Gewerbebetrieben. Die Terrasse jedoch geht zum Fluss hinaus und wenn Sie zur üblichen Essenszeit eintreffen, können Sie hier fürstlich speisen, ohne Ihr Boot am wenige Schritte entfernten Anleger aus dem Blick zu verlieren.

Aus einem der alten Schuppen hinter dem Restaurant ist inzwischen in liebevoller Kleinarbeit das kleine *Museum »La Rue du temps qui passe«* enstanden, in dem man durch eine Straße aus dem Jahr 1900 bummeln kann – die ungewöhnlichste Lagerhalle der ganzen Region. Reisen Sie entlang von Läden, Schaufenstern und Werkstätten zurück in die Vergangenheit zum Anfang des letzten Jahrhunderts oder kehren Sie ins kleine *Bistrot* mit Terrasse am Dordogneufer ein.

km 283,5

Hinter Allas-les-Mines folgt ein fast gerader Flussabschnitt in ruhiger Weidelandschaft. Rechts führt der Weitwanderweg GR 36, der Frankreich nordsüdwärts duchquert, unter hohen Bäumen am Ufer entlang.

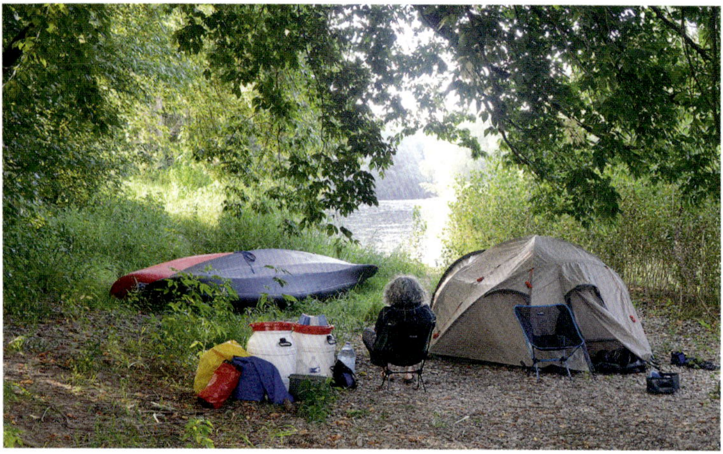

In der Nebensaison manchmal noch möglich: Kanubiwak (nur über Nacht) auf einer geschützten Kiesbank.

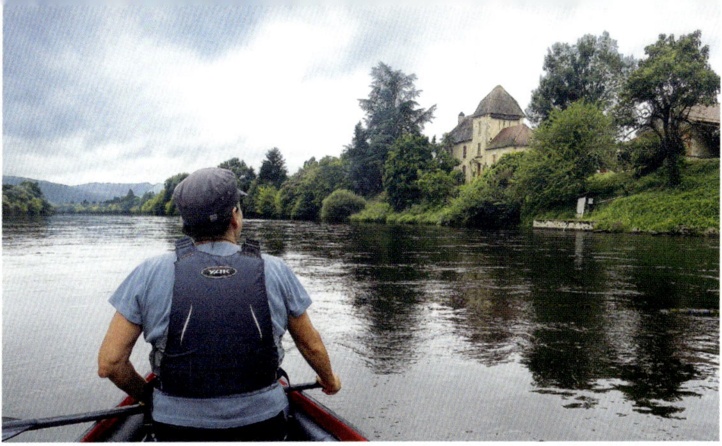

Kurz vor Limeuil präsentiert sich die Dordogne als ruhiger breiter Fluss

Ein Ensemble aus zwei Brücken kündigt das erste Quartier der letzten Etappe an. Zwischen der schmalen Metallbrücke und der darauf folgenden massiven Bogenbrücke befindet sich am rechten Ufer der *Camping Le Garrit*, dessen schattige Plätze durch eine schmale Straße vom Wasser getrennt sind. Er gehört zum Städtchen **St. Cyprien**, das etwa 1,5 Kilometer entfernt liegt. Die Stellplätze des Campings sind vom Fluss aus nicht zu sehen. Auch zwei traditionelle Périgord-Steinhäuser werden vermietet – das ehemalige Haus des Fährmanns und der alte Brotbackofen.

km 286,7

Camping Le Garrit***
+33 (0)553 29 20 56

e-bike

Perigord E-Bikes
+33 6 40 49 37 60
www.perigord-ebikes.com

Unmittelbar hinter der Bogenbrücke links folgt die schön gelegene *Kanuvermietung Le Plongeoir.* Hinter St. Cyprien rücken die Hügel wieder ans Ufer. Nach der nun folgenden Linkskurve begleitet am linken Ufer die Eisenbahn und die D 703 den Fluss bis nach Siorac.

Le Plongeoir
+33 (0)789 64 25 20

Rechts vor der Brücke von **Siorac-en-Périgord** stehen im Sommer Zelte und Wohnmobile, der eigentliche *Campingplatz* befindet sich jedoch links hinter der Brücke. Auch hier gibt es einige schöne Plätze in Flussnähe. Neben der Hütte eines *Kanuvermieters* kann man gut anlegen. Über Treppen an der Brücke kommt man hinauf zur Terrasse des *Hotel-Restaurants L'Escale*, dessen Spezialität auf heißem Stein gebratenes Fleisch,

km 292,5

Camping Municipal du Port**
+33 (0)553 31 63 81

Hotel-Restaurant L'Escale
+33 (0)553 30 24 94

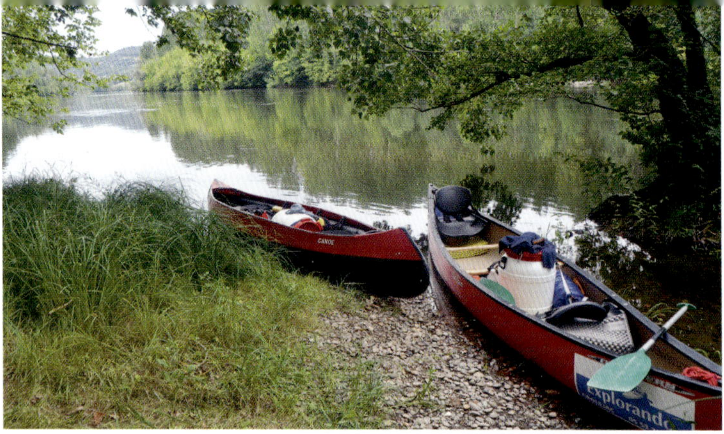

Paddelpause auf einer Kiesbank kurz hinter Envaux

Fisch und Meeresfrüchte sind. Mittags bekommen Sie hier auch verschiedene Snacks.

Im Ortskern von **Siorac-en-Périgord***, etwas abseits vom Flussufer, verstecken sich neben einigen schönen alten Häusern ein Schlösschen aus dem 17. Jh. und eine kleine romanische Kirche.* Im Ort finden sich auch ein *Supermarkt*, eine *Bäckerei* und mehrere *Restaurants*.

km 294 Ein Stück weiter ragt rechts die Absperrung des ***Badeplatzes*** von **Coux-et-Bigaroque** in den Fluss, auf der gegenüberliegenden Seite befindet sich eine ***Kanueinsetzstelle***.

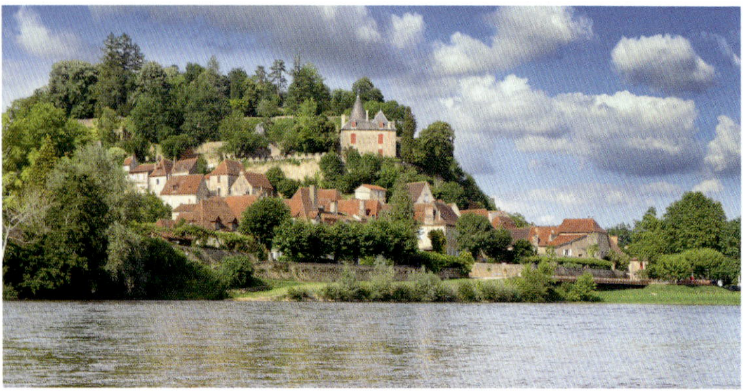

Limeuil. Ein letztes idyllisches Dorf am Ende der Fahrt.

Achtung! Etwa 3,5 Kilometer hinter Siorac kündigt kräftiges Rauschen einen quer im Fluss liegenden ***Felsriegel*** an. Bei höherem Wasserstand ist die Stelle wenig auffällig und problemlos fahrbar, ***bei Niedrigwasser*** muss man ***eventuell treideln***.

km 296

!!

Felsriegel im Wasser, bei Niedrigwasser evtl. treideln

Kurz vor **Le Buisson-de-Cadouin** passieren wir eine besondere Unterkunft am linken Flussufer. Das weiße Schlösschen ***Manoir de Bellerive*** steht in einem grünen Park und verwöhnt seine Gäste mit stilvollen Zimmern oder einer luxuriösen Suite und einer exzellenten einfallsreichen Küche. Beides hat seinen Preis, der den vier Sternen und dem edlen Ambiente entspricht.

km 298

Le Manoir de Bellerive****
+33 (0)553 22 16 16

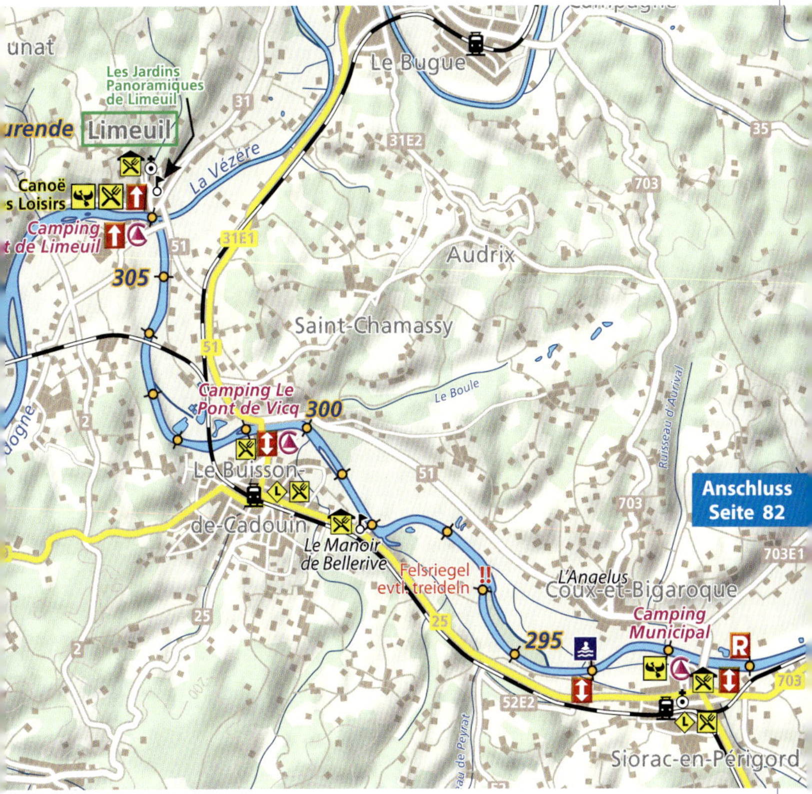

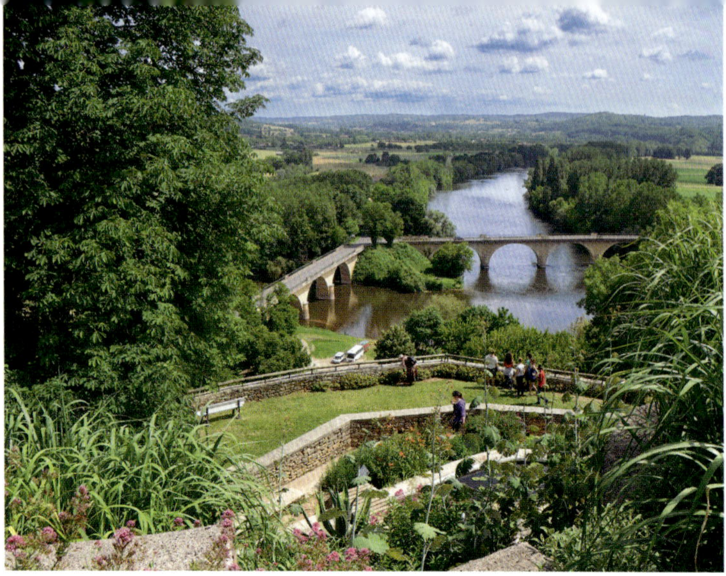

Ausblick vom Schlossgarten:
Zwei Brücken und zwei Flüsse. Bei Limeuil mündet die Vézère in die Dordogne.

km 300,5

Camping Le Pont de Vicq***
+33 (0)553 22 01 73

Restaurant La Guinguette
+33 (0)553 22 04 10

Der Ort **Le Buisson-de-Cadouin** liegt etwa einen Kilometer von der Brücke entfernt. Am flachen Ufer sieht man die einladenden Stellplätze des örtlichen *Camping Le Pont de Vicq*, der sich gut als Quartier eignet, wenn Sie mit öffentlichen Verkehrsmitteln zurück nach Argentat wollen – der *Bahnhof Gare du Buisson* ist ca. 750 m entfernt. Links hinter der Brücke folgt das *Restaurant La Guinguette* mit schöner Terrasse und einer breiten Kiesbank zum Anlanden.

km 305

Nach Unterfahren zweier Eisenbahnbrücken, nähert sich die Dordogne in einem flachen Bogen ihrem Zusammenfluss mit der ***Vézère***.

km 306
Tourende

Beinahe im rechten Winkel überspannen zwei Bogenbrücken die beiden Flüsse. Nähert man sich auf der Dordogne **Limeuil**, sollte man sich über das gewünschte Ziel im Klaren sein. Der Fluss ist hier recht breit und die Strömung an der Vézèremündung flott. Wer am *rechten Ufer* vor Limeuil *aussetzen* möchte, wählt schon vor der Brücke die rechte Flussseite.

Der komfortable *Camping Port de Limeuil* mit schönem Pool und angenehmer Bar, liegt dagegen am linken, südlichen Ufer und ist mit seinem flachen Kiesufer trotz der flotten Strömung an dieser Uferseite gut erreichbar. Hier bekommt man entspannt seine Siebensachen wieder in den Kofferraum des nachgeholten Pkws und könnte auch noch einen faulen Tag am Fluss anhängen.

Camping le Port de Limeuil***
+33 (0)553 632 976

Wo sich die beiden Flüsse treffen, gruppiert sich am rechten Ufer um einen Hügel noch einmal ein besonders malerisches Dorf – **Limeuil**. Picknicktische und Restaurants beleben den Platz unter hohen Bäumen an dem von Süden die Kanuten von der Dordogne und aus Nordosten die Vézèrepaddler eintreffen.

Hier hat auch die *Kanuvermietung Canoë Rivières Loisirs*, die Boote für Touren auf Vézère und Dordogne vermietet, ihre Station. In der *Tourist-Info* können Sie einen Flyer für einen Rundgang bekommen.

Canoë Rivières Loisirs
+33 (0)553 63 38 73

Office de Tourisme de Limeuil
+33 (0)553 63 38 90

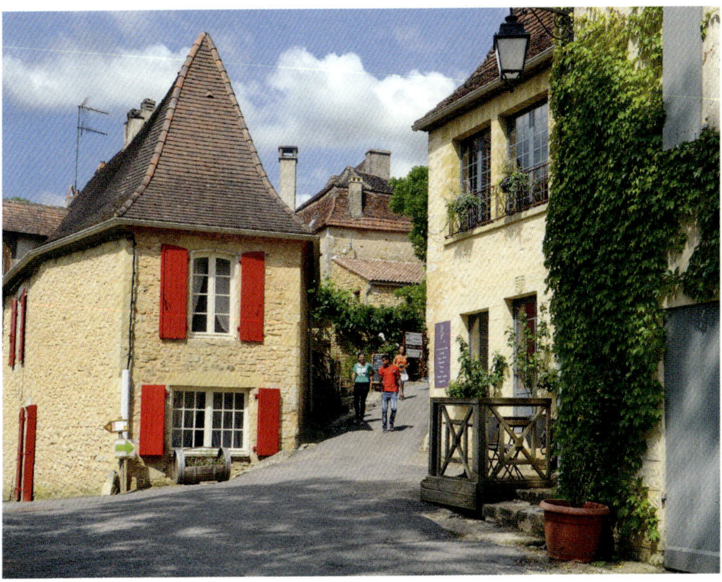

Die Straßen von Limeuil sind für Autos schwer passierbar

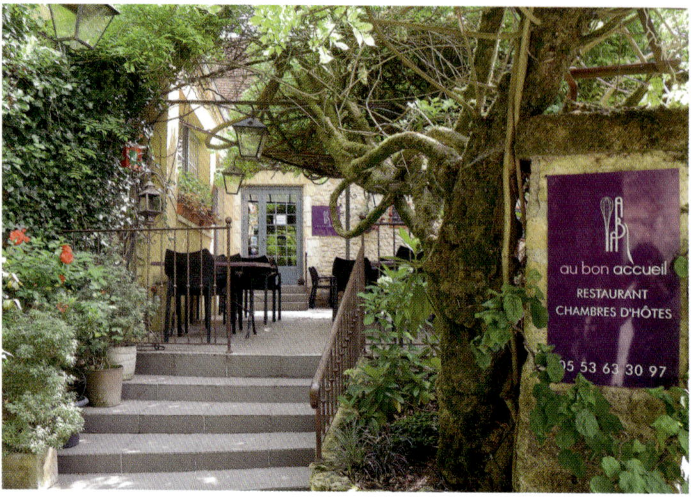

In der Umgebung fand man Zeichnungen aus dem Magdalénien und auch den Kelten schien der Platz auf dem Plateau zwischen zwei fruchtbaren Flusstälern ideal gewesen zu sein. Die Römer eroberten das befestigte Dorf und im Mittelalter siedelten am Zusammenfluss der zwei wichtigen Wasserstraßen Handwerker und Händler. Erstaunlich, dass das Dorf heute noch aussieht wie im Mittelalter und ganze 300 Einwohner zählt.

Les Jardins Panoramiques de Limeuil
+33 (0)553 57 52 64

Ganz oben auf dem Fels residiert das ***Schloss*** von **Limeuil**, umgeben von dem hübschen ***Garten Les Jardins Panoramiques de Limeuil***, der für Besucher geöffnet ist. Darunter ziehen sich die Steinhäuser des Ortes den Hang hinab bis zum Fluss.

Auberge du Bon Acceuil
+33 (0)553 63 30 97

Ebenso reizvoll ist das Hotelquartier hier am Ziel: Oben im Dorf bietet das ***Chambre d'hôtes Auberge du Bon Accueil*** *(Foto oben)* im Zentrum der engen Gassen eine besonders pittoreske Unterkunft. Vom Anleger an der Vézèremündung läuft man gut 500 Meter steil ins Dorf hinauf. Die Kanus sollten also unten am Fluss bleiben – am besten bereits gut verpackt auf dem Autodach.

Adressen *(in alphabetischer Ortsreihenfolge)*

Übernachtung in Wassernähe

Altillac

Camping Municipal de Panama, Tel. +33 (0)555 91 08 16, *(1.7.-31.8.)*, www.altillac.com

Argentat

Auberge des Gabariers, 15, Quai Lestourgie, Tel. +33 (0)555 28 05 87

*Camping l'Echo du Malpas****,* Tel. +33 (0)565 10 89 04, *(Mai-Sep)*, www.dordogne-vacances.fr

*Camping Municipal**,* Tel. +33 (0)555 28 13 84, *(Jun-Aug)*, www.argentat.fr/camping

Beaulieu-sur-Dordogne

Auberge de Jeunesse Beaulieu, Place du Monturu, Tel. +33 (0)555 91 13 82, www.hifrance.org

Auberge Les Flots bleus, Place du Monturu, Tel. +33 (0)555 91 06 21, www.hotel-flotsbleus.com

*Camping Huttopia Beaulieu sur Dordogne****,* Boulevard Rodolphe de Turenne, Tel. +33 (0)555 91 02 65, *(Ostern-Ende Sep)*, www.europe.huttopia.com

Beynac

*Camping le Capeyrou**,* Tel. +33 (0)553 29 54 95, *(Mitte Mai-Ende Sep)*, www.campinglecapeyrou.com

Hotel du Château, Tel. +33 (0)553 29 19 20, www.hotel-chateau-dordogne.com

Brivezac

Camping Le Vieux Moulin, Sur RD 12 (an der D 12), Tel. +33 (0)555 91 14 72, *(15.6-15.9.)*, www.levieuxmoulin.org

Brivezac

Naturcamping La Champagne, La Champagne (**Brivezac**), Tel. +33 (0)645 08 90 21, *(1. Mai-1. Sep)*, www.campinglachampagne.eu

Camping La Berge Ombragée, Valeyran (**Brivezac**), Tel. +33 (0)555 91 01 17, *(Mai-Aug)*, www.berge-ombragee.com

Carennac

Camping l'Eau vive, Prés Nabots, Tel. +33 (0)565 10 97 39, *(Mitte Mai-Mitte Okt)*, www.camping-lot-eauvive.com

Chambre d'hôtes La Farga, Le Bourg, Tel. +33 (0)565 33 18 97, siehe booking.com

Hotel Restaurant Le Fénelon, Tel. +33 (0)565 10 96 46, www.hotel-fenelon.com

Carsac

*Camping le Plein Air des Bories***,* Les Bories, Tel. +33 (0)553 28 15 67, *(1.5.-Anf. Sep)*, www.camping-desbories.com

Camping Le Rocher de La Cave, La Pomarède, Tel. +33 (0)553 28 14 26, *(1.5.-Mitte Sep)*, www.rocherdelacave.com

Cazoulès (24250 La Roque-Gageac)

*Camping Municipal la Borgne**,* La Borgne, Tel. +33 (0)553 29 81 64, *(Mai-Sep)*, www.campingcazoules.fr

Cénac

Camping Municipal de Cénac,* Tel. +33 (0)553 28 31 91, *(1.6.-15.9)*

Camping Verte Rive, Tel. +33 (0)553 28 30 04, *(Jul-Mitte Sep)*

Gaillardou (OT von La Roque-Gageac)

*Camping la Butte**,* Tel. +33 (0)553 28 30 28, *(Mai-Sep)*, www.camping-la-butte.com

*Camping Beau Rivage***,* Tel. +33 (0)251 20 41 94, *(Jun-Anf. Sep)*, www.olela-ferien.de

Creysse

Auberge de l'Ile, Tel. +33 (0)565 32 22 01, www.auberge-de-lile.com

Camping du Port, Tel. +33 (0)565 32 20 82, *(Mai-Sep)*, www.campingduport.com

Escourbaniers (OT von Monceaux-sur-Dordogne)

*Camping au Soleil d'Oc****,* Tel. +33 (0)555 28 84 84, *(Ende Apr-15.11.)*, www.campingsoleildoc.com

Camping Le Vieux Port, Tel. +33 (0)555 28 19 55, *(1.7.-15.9.)*

Girac

*Camping les Chalets sur la Dordogne***,* Tel. +33 (0)565 10 93 33, (1.5.-15.9.), www.camping-chalet-sur-dordogne.com

Gluges

*Camping les Falaises***,* Tel. +33 (0)565 37 37 78, *(15.6.-Anf. Sep)*, www.camping-lesfalaises.com

Hotel Les Falaises, Tel. +33 (0)565 27 18 44, www.les-falaises.com

Griffoul (OT von Domme)

*Camping le Perpetuum*****, RD 50, Tel. +33 (0)553 28 35 18, *(Ende Mai-Anf. Okt)*, www.campingleperpetuum.com

Groléjac

Hotel Du Pont, Tel. +33 (0)553 28 15 94, www.hoteldupont.fr

Lacave

*Hotel Brasserie de Lacave***, Tel. +33 (0)565 37 87 06, www.hotel-brasseriedelacave.fr

La Roque-Gageac

*Auberge des Platanes***, Tel. +33 (0)553 29 51 58, www.aubergedesplatanes.com

*La belle Etoile****, Tel. +33 (0)553 29 51 44, www.hotel-belle-etoile-dordogne.fr

Le Buisson-de-Cadouin

*Camping Le Pont de Vicq****, Tel. +33 (0)553 22 01 73, *(Apr-Okt)*, www.campinglepontdevicq.com

*Le Manoir de Bellerive*****, Route de Siorac, Tel. +33 (0)553 22 16 16, www.bellerivehotel.com

Le Bougayrou

*Camping la Riviere****, Tel. +33 (0)565 37 02 04, *(Mai-Mitte Sep)*, www.campinglariviere.com

Le Vaurette (OT von Monceaux-sur-Dordogne)

*Camping Le Vaurette*****, Lieu Dit Vaurette, an der D 12, Tel. +33 (0)555 28 09 67, *(Mai-Mitte Sep)*, www.vaurette.com

Limeuil

Auberge du Bon Acceuil, Tel. +33 (0)553 63 30 97, www.au-bon-accueil-limeuil.com

*Camping le Port de Limeuil****, Tel. +33 (0)553 63 29 76, *(Ende Apr-Ende Sep)*, www.leportdelimeuil.com

Liourdres

*Camping Magali Plage***, 204 rue de la Dordogne, Tel. +33 (0)555 28 11 39, *(Apr-Sep)*, www.campingmagaliplage.wixsite.com/campingmagaliplage

Meyronne

*Camping la Plage****, Tel. +33 (0)565 32 23 26, (1.6.-15.9.)

*Hotel Restaurant La Terrasse****, Le Bourg, Tel. +33 (0)974 56 65 30, www.hotel-la-terrasse.com

Monceaux-sur-Dordogne

*Camping Europe****, Le Chambon, an der D 12, Tel. +33 (0)555 28 07 70, *(Apr-Okt)*, www.camping-europe.fr

*Camping le Saulou*****, Lieu-dit Vergnolles, an der D 116, Tel. +33 (0)555 28 12 33, *(Apr-Okt)*, www.saulou.net

Pinsac

*Camping Municipal Beauregard***, Tel. +33 (0)565 37 06 02, *(Mitte Jun-Anf. Sep)*

Aire Naturelle les Grands Chênes, Terregaie, Tel.+33 (0)661 05 67 58, *(15. Jun-Ende Sep)*

*Camping Verte Rive*****, Terregaie, an der D 43, Tel. +33 (0)565 37 85 96, *(Ostern-31.9.)*, www.camping-laverterive.com

Rouffillac (24370 Carlux)

*Camping les Ombrages***, Tel. +33 (0)953 53 25 55, *(Apr-Okt)*, www.ombrages.fr

Hotel Le Rouffillac, Tel. +33 (0)553 29 70 24, www.hotelrouffillacdordogne.com

Siorac

*Camping Municipal du Port***, Tel. +33 (0)553 31 63 81, *(Mai-Okt)*, www.campingduport.net

Hotel-Restaurant L'Escale, Le Port, Tel. +33 (0)553 30 24 94, www.lescale-siorac.com

St. Cyprien

*Camping Municipal le Garrit****, Tel. +33 (0)553 29 20 56, *(Mitte Apr-Mitte Okt)*, www.campingdugarritendordogneperigord.com

Saint-Julien-de-Lampon

Camping à la ferme Le Port, Le Colombier, *(Mitte Mai-Okt)*, Tel. +33 (0)553 29 71 50

*Camping Municipal Le Bourniou****, Lieu dit Le Bourniou, Tel. +33 (0)553 29 83 39, mobil +33 (0)602 00 02 92, *(Jun-Sep)*, www.camping-bourniou.com

Saint-Sozy

*Camping les Borgnes***, Tel. +33 (0)235 21 69 63, *(Ende Apr-15. Sep)*, www.campinglesborgnes.fr

Souillac

*Camping municipal du Pont de Lanzac***, Tel. +33 (0)565 37 02 58, (1.7.-31.8.)

*Camping municipal les Ondines****, Tel. +33 (0)565 37 86 44, (1.5.-31.9.), www.camping-lesondines.com

Vayrac

*Camping les Granges****, Tel. +33 (0)565 32 46 58, *(15.5.-15.9.)*, www.les-granges.com

Vézac

*Camping la Cabane****, Tel. +33 (0)553 29 52 28, *(Mitte Apr-Mitte Sep)*, www.lacabanedordogne.com

*Camping les Magnanas***, Tel. +33 (0)553 29 51 79, (1.6.-30.9.), www.sarlat-camping.com

*Camping La Plage****, La Malartrie, Tel. +33 (0)553 29 50 83, mobil +33 (0)683 36 41 68, *(Mitte Mär-Mitte Okt)*, www.camping-laplage.fr

Camping Le Pont de Fayrac, Tel. +33 (0)553 29 54 73, mobil +33 (0)678 47 38 76, *(1.6.–31.9.)*

Chambre d'hôtes Manoir de la Malartrie, Tel. +33 (0)553 29 03 51, mobil +33 (0)618 61 61 18, www.chambresdhotes-lamalartrie.com

Vitrac

*Domaine de Soleil Plage******, Caudon par Monfort, Tel. +33 (0)553 28 33 33 und +33 (0)535 37 14 13, *(Anf. Apr-Sep)*, www.soleilplage.fr

*Hotel La Treille***, D703, Tel. +33 (0)553 28 33 19, www.latreille-Périgord.com

*Hotel Restaurant Plaisance****, D703, Tel. +33 (0)553 31 39 39, www.hotelplaisance.com

Kanuvermieter

Viele Campingplätze vermieten ebenfalls Kanus, jedoch meist nur für Tagestouren. Sie bieten auch keinen Transfer bei Mehrtagestouren an und ihre Kanus sind nicht für Fahrten mit Gepäck geeignet. Viele dieser Anbieter, wegen der Vielzahl aber nicht alle, finden Sie im Buch in der Randspalte, jedoch nicht hier im Adressteil.

Groléjac

Explorando, La Grande Métairie, Tel. +33 (0)553 28 13 84 oder +33 (0)674 244 08, auch Weiterfahrt bis Limeuil möglich, www.canoedordogne.com

Canoë sans frontière, Pont de Grolejac, Tel. +33 (0)553 28 93 70, www.canoe-kayak-dordogne.fr

Limeuil

Canoës Rivières Loisirs, Maisonneuve, Station am Parkplatz an der Vézèremündung, Tel. +33 (0)553 63 38 73, www.canoes-rivieres-loisirs.com

Souillac

Copeyre Canoë, in der Saison Stationen in Beaulieu, Bretenoux, Puybrun, Carennac, Copeyre, Gluges, Meyronne, Lacave, Pinsac, Carlux, Vitrac und Beynac. In einigen Orten können Sie für eine Übernachtung kostenlos Ihr Zelt aufstellen. 1x Eintritt imWasser- & Freizeitpark „Quercyland" gratis, Tel. +33 (0)565 32 72 61, www.copeyre.com

Vayrac

Canoës-kayaks Safaraid Dordogne, Base de Loisirs, in der Saison weitere Stützpunkte in Argentat, St. Sozy, Gluges, Tel. +33 (0)565 37 44 87, www.canoe-kayak-dordogne.com

Vézac

Couleurs Périgord, Pont de Fayrac /Plage de Vézac. Kanuvermietung und Kletterschule am Ende der gängigen Strecke bei Beynac an der Pont de Fayrac. Nach Absprache auch Weiterfahrt nach Limeuil möglich. Sympathischer Familienbetrieb.
Tel. +33 (0)553 30 37 61, www.ladordogneencanoe.com

Fahrradvermieter

Fahrräder können Sie an vielen Campingplätzen mieten. Gute Mountainbikes, die bei den häufig zu bewältigenden Höhenunterschieden zwischen Flusstal und Hochebene für längere Touren durchaus Sinn machen, bekommen Sie eher bei spezialisierten Anbietern, die oft auch gleichzeitig Kanus vermieten. Die Preise liegen bei 12-16 € pro Tag.

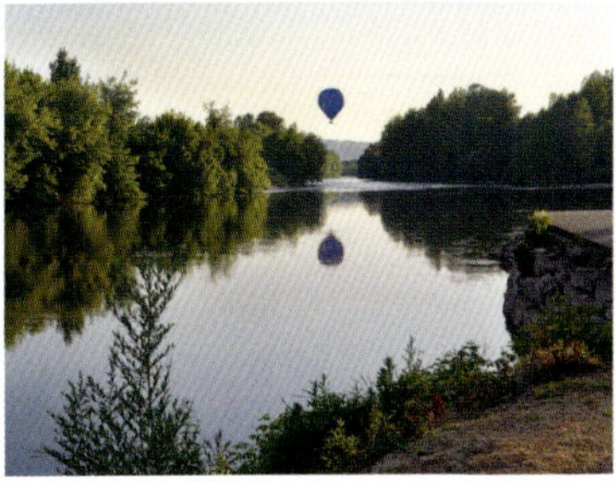

Der Inhaber des Camping Le Garrit ist Heißluftballon-Fahrer

Argentat

Dordogne Outdoor Experience, 23, Rue des Condamines, Tel. +33 (0)619 28 12 91, www.dordogne-outdoor.com

Creysse

Mountainbikevermietung von Sports Nature auf dem Camping du Port, Tel. +33 (0)565 32 27 59, www.portloisirs.com

Monceaux-sur-Dordogne

VTT Soleil d'Oc, Escourbaniers, am Camping Au Soleil d'Oc, Tel. +33 (0)555 28 84 84

Saint-Cyprien / Le Garrit

Perigord E-Bikes, Camping Le Garrit, Tel. +33 (0)640 49 37 60, www.perigord-ebikes.com

Saint-Julien-de-Lampon / Rouffillac

Radvermietung bei Cap Evasion, Mountainbikes und Trekkingräder direkt an der Brücke neben dem Camping Le Bourniou, Tel. +33 (0)681 21 53 39, www.canoe-sur-dordogne.com

Souillac

Copeyre Velo, in der Hochsaison Fahrradvermietung an allen Kanustationen von Copeyre Canoë: Beaulieu, Bretenoux, Puybrun, Carennac, Copeyre, Gluges, Meyronne, Lacave, Pinsac, Carlux, Vitrac und Beynac, Tel. +33 (0)565 32 72 61, www.copeyre.com

Outdoor-Veranstalter – Klettern, Höhlentouren, Canyoning

Argentat

Dordogne Outdoor Experience, Wasserfalltouren (Canyoning light), 23, rue des Condamines, Tel. +33 (0)619 28 12 9, www.dordogne-outdoor.com

Creysse

Compagnie Sports Nature, Klettern, Höhlen, Canyoning, SUP, Kanutouren, Tel. +33 (0)565 32 27 59, www.compagnie-sports-nature.com

Vézac

Couleurs Périgord, Kletterschule, Höhlentouren mit Guide, Kanu, Pont de Fayrac, Tel. +33(0)553 30 37 61, www.ladordogneencanoe.com

Sehenswürdigkeiten & Sonstige Aktivitäten

Allas-les-Mines

Museum La Rue du Temps qui Passe, in liebevoller Kleinarbeit entstand eine Straße aus dem Jahr 1900, Bistrot mit Terrasse am Dordogneufer. Sandrou, Tel. +33 (0)553 28 27 82 oder +33 (0)785 63 30 60, *Jul+Aug tägl. 10-18, Apr-Nov 10-12+14-18 (Mi+Do geschlossen)*, Eintritt: ca. 7,50 €, www.musee-laruedutempsquipasse.fr

Argentat

Maison du Patrimoine, Ausstellung zur Stadtgeschichte mit Demonstration der alten Schiffbautechnik. Avenue Gilbert Dellange, *Jun-Ende Sep Mi-So 10-12 & 15-18, So nur nachmittags*, Eintritt frei.

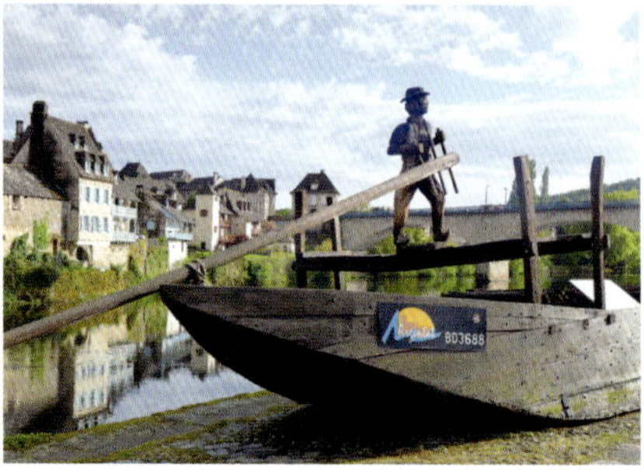

Beaulieu

Château d'Estresse, 5 km südlich von Beaulieu, Tel. +33 (0)555 91 10 28, *(ganzjährig, Reservierung empfohlen)*, Eintritt ca. 4,- €, www.chateau-d-estresses.e-monsite.com

Beynac

Château Beynac, Tel. +33 (0)553 29 50 40, *tägl. 10-19*, Eintritt 8,- €, www.chateau-beynac.com

Bretenoux / Castelnau-Bretenoux

Château de Castelnau-Bretenoux, *tägl. 10-12.30 + 14-17.30, Mai + Jun bis 18.30, Jul + Aug bis 19 und ohne Mittagspause*, Eintritt ca. 8 €, www.castelnau-bretenoux.fr

Carennac

Espace Patrimonien im Château des Doyens, Ausstellung über Geschichte und Natur in dem Teil des Dordognetales, das zum Département Corrèze gehört, Tel. +33 (0)565 33 81 36, *Mi-Fr 10.30-13 + 14-18, am Wochenende 14-18*, www.pays-valleedordognelotoise-artethistoire.com

Carsac-Aillac

Les Jardins d'Eau, Saint Rome, Tel. +33 (0)553 28 91 96, mobil +33 (0)681 78 01 73, *Mai-Aug 10-20, Sep 11-18*, Eintritt 7 €, www.jardinsdeau.com

Castelnaud-la-Chapelle

Ecomusée de la Noix, Tel. +33 (0)553 59 69 63, Laden + Museum, *Apr-Nov tägl. 10-19, Jul-Aug Mo-Fr nachmittags Ölpressung*, Eintritt 5,- €, www.ecomuseedelanoix.fr

Château de Castelnaud, Musée de la Guerre en Moyen Age (Kriegsmuseum des Mittelalters), Tel. +33 (0)553 31 30 00, *tägl. 10-19, Jul-Aug 9-20, Feb-Mär+Okt bis 18*, Eintritt 9,90 €, www.castelnaud.com

Domme

Grotte de Domme, *Feb-Okt tägl. 10-12 & 14-18,* **Eintritt ca. 8,50 €.**

L'Oustal du Périgord, **Tel. +33 (0)553 31 71 00,** Museum über das ländliche Leben in vergangener Zeit, *15.5-15.9. 10-12.30 & 14.30-18,* **Eintritt ca. 5,- €,** www.perigordnoir-valleedordogne.com

Envaux

Air Parc Périgord, Hochseilgarten am Fluss, 3 Parcours, darunter ein Mini Parcours (ab 3 Jahre), **Tel. +33 (0)553 29 18 43, mobil +33 (0)633 81 26 90,** *Jul+ Aug 10-19 + Wochenende,* **Eintritt 11,- €, Erwachsene (ca. 2h) ab 22,- €,** www.airparc-perigord.com

Lacave

Grottes de Lacave, Tropfsteinhöhle mit unterirdischem See, **Tel. +33 (0)565 37 87 03,** *tägl. 9.30-12 & 14-17.30, Jul bis 18, Aug ohne Pause,* **Eintritt 11,50 €, Kinder 7,- €,** www.vert-marine.com/grottes-de-lacave-46

Grottes de Carbonnières, Tropfsteinhöhle mit Klang- und Lichtschau, **Route de Rocamadour D 247, Tel. +33 (0)565 32 28 28,** *tägl. 10-18/18.30,* **Eintritt 8,90 €, Kinder 4,80 €, Kombi-Ticket mit Dino-Park 14,- € / 7,50 €,** www.grottedescarbonnieres.com

Préhisto-Dino Parc, **Route de Rocamadour D 247, Tel. +33 (0)565 32 28 28,** *Apr-Jun, Sep+Okt tägl. 10-18/19, Jul+Aug bis 20,* **Eintritt 8,50 € / 4,80 €,** www.prehistodino.com

Limeuil

Les Jardins Panoramiques de Limeuil, **Tel. +33 (0)553 57 52 64,** *Jul-Aug 10–20, Apr-Jun + Sep-Okt 10-18, Sa 14-18,* **Eintritt 8,- €, Kinder 5,50 €,** www.jardins-panoramiques-limeuil.com

Marqueyssac

Les Jardins de Marqueyssac, Tel. +33 (0)553 31 36 36, *tägl. Apr-Sep 10-19, Jul-Aug bis 20, Mär & Okt bis 18,* Eintritt 9,90 €, Kinder 10-17 Jahre 5,- € (Jul+Aug sowie Ferien und einige Wochenenden inkl. kostenlosem Klettersteig), www.marqueyssac.com

Milandes

Château Les Milandes, Apr-Anf. Nov 10-18.30, Jun+Sep bis 19, Jul+Aug bis 20,
Flugvorführung der Greifvögel 11, 15 und 16.30 (HS auch 17.30),
Eintritt 12,- €, Kinder 7,50 €, www.milandes.com

Padirac

Tropfsteinhöhle Gouffre de Padirac, Le Gouffre, Tel. +33 (0)565 33 64 56, *Öffnungszeiten variieren stark je nach Saison,* Eintritt 14,50 €, Kinder 4–12 Jahre 9,- €, www.gouffre-de-padirac.com

Rocamadour

Wallfahrtsort und Heilige Stadt mit sieben Gotteshäusern (Marienkapelle Notre-Dame mit Schwarzer Madonna, Basilika Saint-Sauveur sowie Kapelle St. Jean-Baptiste, St. Blaise, St. Anne und St. Michel), *Jul-Aug 7.15-22, Apr-Jun+Okt 8-20, Nov-Mär 8.30-18.30,* geführte Tour Jul+ Aug, Do 10.30 + 16, www.sanctuairerocamadour.com

Rouffillac (24370 Carlux)

La Gare Robert Doisneau, ehemaliger Bahnhof, Galerie Robert Doisneau, Ausstellungen, Tourist-Info, Tel. +33 (0)553 59 10 70, www.lagare-robertdoisneau.com

Sarlat-la-Canéda

Marché des producteurs (lokale Produzenten), Sa 9-18 Uhr im Zentrum, in der Altstadt

Wochenmarkt, Sa+Mi 8.30-13, Place de la liberté und in der ehemaligen Kirche Ste. Marie *überdachter Markt,* in der Saison tägl. 8.30-14, Fr 9.30-20.

Biomarkt, Do ab 18 *(Marché nocturne),* Place du 14 Juillet (am Eingang zur Altstadt)

Saint-Julien-de-Lampon

Marché des producteurs (Markt lokaler Produzenten), Do 8-13 im Zentrum

Souillac

Musée de l'Automate (Automatenmuseum), vom Spielzeug des 18. Jh. bis zum heutigen Roboter, Tel. +33 (0)565 37 07 07, Place de l'Abbaye, Apr-Okt 14-18, Jul+ Aug 10-12.30 + 14-18.30, Eintritt 7,-€, Kinder 3,-€, www.musee-automate.fr

Destillerie Louis Roque (kleines Museum und Laden), bereits in dritter Generation werden hier regionaltypische Liköre und Aperitifs gebrannt, Avenue Jean Jaurès 41, Tel. +33 (0)565 32 78 16, www.lavieilleprune.com

Parc aquatique Quercyland, Familienbad & Vergnügungspark mit vielen Wasserrutschen und benachbartem Hochseilgarten (accrobranche), Rue des Ondines, Tel. +33 (0)565 32 72 61, *Mai-Sep tägl. 11-20,* Eintritt 10,- €, www.copeyre.com

Offizielle Paddelseite des Départements Dordogne

www.dordognecanoe.com

Wichtige Links

Département Corrèze

www.tourismecorreze.com
www.beaulieu-tourisme.com

Département Lot

www.vallee-dordogne-rocamadour.com
www.souillac-sur-dordogne.fr
www.tourisme-lot.com

Département Dordogne

www.dordogne-Périgord-tourisme.fr
www.perigordnoir-valleedordogne.com
www.sarlat-tourisme.com
www.beynac-en-Périgord.com
www.limeuil-en-Périgord.com

Die Autorin

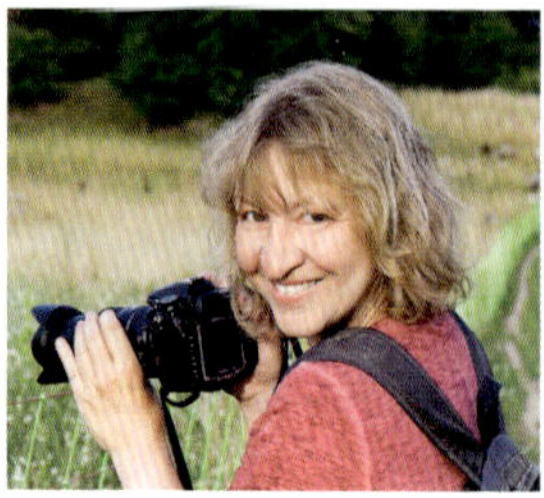

Stefanie Holtkamp

Jahrgang 1968, Mutter von 2 Kindern, lebt seit über 20 Jahren im Raum München und ist als freiberufliche Grafik-Designerin und Autorin tätig.

Das Unterwegs sein in der Natur, ganz nahe dran und mit reduziertem Tempo, hat mich schon immer fasziniert und ausgefüllt. Neben Fahrrad- und Kanutouren war es am Anfang vor allem das Wanderreiten, das mich in seinen Bann zog. Bei den ersten Familienwanderungen mit zwei kleinen Kindern zwischen Küste, Traumstränden und wunderbar wilden Bachtälern in den korsischen Bergen entstand dann die Idee der Familienwanderbücher und 2005 der erste Reiseführer über Korsika. Es folgten weitere Wander- und Reiseführer für verschiedene Verlage.

Meine allerersten Erfahrungen mit Kanu und Paddel habe ich vor etwa 25 Jahren auf der Dordogne gesammelt. Ich war nachhaltig beeindruckt: Vom Wanderpaddeln und auch vom Fluss. So bin ich seitdem regelmäßig und treu in diese schöne Region zurückgekehrt und habe unser Kanu für dieses Buch zum fünften Mal die Dordogne hinab gelenkt. Die Zeit war also reif meinen ersten Kanureiseführer…

Weitere Frankreich Titel aus dem Thomas Kettler Verlag

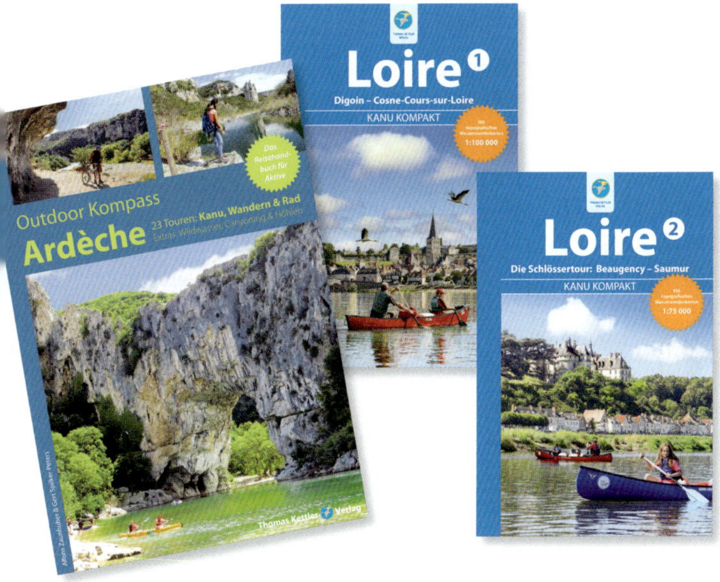

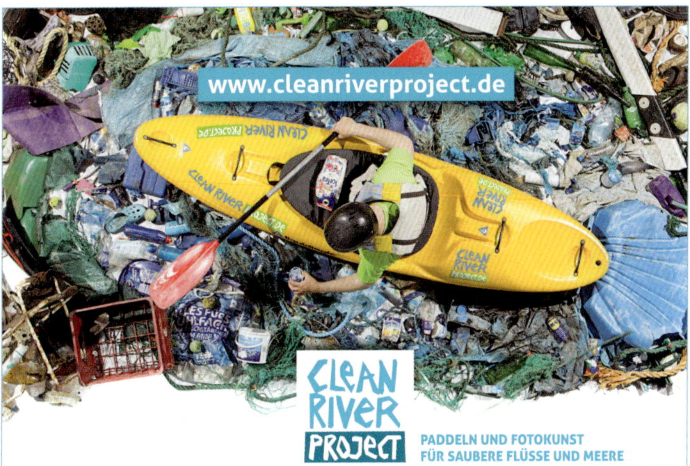

Register